中等职业教育项目课程改革"十二五"系列教材

财经专业公共课

U0648918

市场营销原理与实训

Shichang Yingxiao Yuanli Yu Shixun

（第四版）

何会玲　主　编

黄灵鸿　徐　星　副主编

东北财经大学出版社
Dongbei University of Finance & Economics Press
大连

图书在版编目（CIP）数据

市场营销原理与实训 / 何会玲主编. —4版. —大连 : 东北财经大学出版社，2022.5

（中等职业教育项目课程改革"十二五"系列教材·财经专业公共课）

ISBN 978-7-5654-4495-1

Ⅰ．市… Ⅱ．何… Ⅲ．市场营销学–中等专业学校–教材 Ⅳ．F713.50

中国版本图书馆 CIP 数据核字（2022）第 049525 号

东北财经大学出版社出版

（大连市黑石礁尖山街 217 号 邮政编码 116025）

网 址：http://www.dufep.cn

读者信箱：dufep@dufe.edu.cn

大连永盛印业有限公司印刷 东北财经大学出版社发行

幅面尺寸：185mm×260mm 字数：259 千字 印张：12.5

2022 年 5 月第 4 版 2022 年 5 月第 1 次印刷

责任编辑：郭海雷 责任校对：思 齐

封面设计：张智波 版式设计：钟福建

定价：32.00 元

教学支持 售后服务 联系电话：（0411）84710309

版权所有 侵权必究 举报电话：（0411）84710523

如有印装质量问题，请联系营销部：（0411）84710711

市场营销学主要研究市场营销活动及其规律，是一门建立在经济科学、行为科学、管理科学和现代管理理论基础之上的应用科学。本教材贯彻培养中职学生综合职业素养的理念，理实结合，通过精讲多练启发学生思维，拓展学生视野，培养学生的营销技能。

本教材共分为10个教学项目，分别为：认知市场营销、学会市场调查、分析市场营销环境、分析购买者行为、确定目标市场、确定产品和服务、制定产品价格、制定促销策略、建立分销渠道、认知网络营销。

本次修订通过设置思政目标提炼各个项目蕴含的思政元素，引导学生践行社会主义核心价值观，培养学生树立爱岗敬业、诚实守信的职业道德和遵纪守法的职业素养。另外，通过选择使用中国本土营销案例让教材更加贴近人们日常生活，可读性更强。本教材特点如下：

第一，突出内容的可操作性。本教材的10个项目都设置了项目实训，项目实训模块明确了实训目标、实训内容、实训方法、实训步骤、实训考核和评价。项目实训具体、明确、操作性强，学生能够对市场产生感性认识，确保理论学习和实践不脱节。

第二，突出培养学生的职业技能。每个项目都以案例开篇呈现，引发学生兴趣，激发学生好奇心，然后按从知识呈现（为什么这么做？从哪些方面来做）到教学实践（学生自己动手、动脑做）的逻辑顺序展开。在每个项目后都设计了相应的职业场景，让学生在职业场景中熟悉知识和技能的应用。

第三，积极响应教育部信息化教学的要求，为重要知识点配套了二维码链接的图文、微视频等拓展资源，既丰富了教材内容的呈现形式，也便于学生自主学习使用。

本教材由何会玲老师担任主编，黄灵鸿、徐星老师担任副主编，经参编老师反复讨论，最终确定了目前的基本框架。参加编写的老师包括：贵州财经职业学院的何会玲、王茜，广西玉林财经学校的陈贵红、黄灵鸿，云南信息工程学校的徐星，玉林市机电工程学校的龙军松，云南大理州财贸学校的杨林峰等。

本教材在编写中参考了许多优秀的著作和资料，引用了媒体发布的一些资讯，在此向相关作者表示诚挚的谢意。由于编者水平有限，教材中难免存在不足或疏漏之处，恳请广大读者提出宝贵意见。

本教材授课"学时分配建议表"见附录。

编　者
2022年3月

目　录

认知市场营销

学习目标

知识目标

1.理解市场和市场营销的基本概念。

2.掌握几种市场营销观念。

技能目标

1.能够灵活运用营销观念分析、评价企业的现状。

2.树立现代市场营销观念，能够运用市场营销观念指导实践活动。

思政目标

1.通过展示中国经济社会发展取得的历史性成就，增强学生的获得感、幸福感、自豪感。

2.培养学生的担当意识和社会责任感，树立绿色环保的经营理念。

引导案例

两家鞋业制造公司分别派出一个业务员去开拓市场，一个叫汤姆，另一个叫杰克。在同一天，他们两个人来到了太平洋上的一个岛国，到达当日他们就发现，从国王到贫民，僧侣到贵妇，竟然无人穿鞋子。当晚，汤姆向国内总部的老板发了电报：上帝啊，这里的人从不穿鞋子，有谁还会买鞋子呢？我明天就回去。杰克也向国内总部发了电报：太好了，这里的人都不穿鞋子。我决定把家搬来，在此长期驻扎下去！

请思考：

该岛国有市场吗？你赞成哪个人的说法呢？

任务一　认识市场营销

一、认识市场

（一）市场的含义

在不同的场合，市场有不同的含义，归纳起来有以下几种：

（1）市场是商品交换的场所，如人们常说的小商品市场、超级市场、农贸市场等。

（2）市场是商品交换关系的总和，包括买卖的双方、竞争者、经销商、监管市场的政府相关部门、供应商、相关的社会团体等。

（3）从市场营销的角度来看，市场是指某种产品现实购买者和潜在购买者的总和。人们所说的某产品市场潜力很大、市场空间很大，通常就是这个含义的市场。

由此可知，市场营销学中的市场包含三个要素：有某种需要的人、为满足这种需要的购买能力和购买欲望。用公式来表示就是：

市场=人口+购买能力+购买欲望

一般而言，人口决定市场容量，购买能力决定可能购买的数量和购买欲望的强弱，购买欲望决定着人们的需求偏好。市场的这三个因素相互制约、缺一不可。

想一想

2019年11月5日，第二届中国国际进口博览会在上海开幕。国家主席习近平出席开幕式并发表题为《开放合作 命运与共》的主旨演讲。习近平强调，中国市场规模巨大、潜力巨大，前景不可限量。

中国老百姓有一句话叫"世界那么大，我想去看看"。中国市场这么大，欢迎大家都来看看。

中国市场大表现在哪些方面？

（二）市场的分类

（1）根据流通领域不同，市场分为国内市场和国际市场。国内市场还可分为当地市场、区域市场、全国市场或城市市场、农村市场等。国际市场也可分为单一外国市场、多国市场和全球市场。

（2）根据产品形态不同，市场分为有形产品市场和无形产品市场。

（3）根据顾客的购买目的不同，市场分为消费者市场和组织市场，而组织市场又由生产者市场、中间商市场和政府市场构成。

二、了解市场营销

想一想

市场营销是否就是推销？

市场营销是由英文 Marketing 一词翻译而来的。对于市场营销的定义，"市场营销学之父"菲利普·科特勒认为，市场营销是个人或集体通过创造、提供、出售，并同别人交换产品和价值，以获得其所需、所欲之物的一种社会和管理过程。

拓展阅读：菲利普·科特勒博士简介

市场营销无处不在，营销的内容也包罗万象。市场营销对于企业和个人的成功至关重要。大型营利性企业，如京东、百度、腾讯、海尔和华为等都在积极开展市场营销；非营利性机构，如大学、医院、博物馆等也在积极开展市场营销。很多的自媒体、公众人物通过抖音、微信公众号、微博等公众账号经营自己的事业，也离不开市场营销。

市场营销的定义包括以下要点：

（1）市场营销是个人或集体有目的、有意识的行为，满足和引导顾客的需求是市场营销的出发点和中心。

（2）市场营销的核心是交换。一切市场营销活动都与交换有关，都是致力于实现商品交换和商品价值。任何个人或团体只要想将产品进行交换，市场营销就会随之发生。交换有很多形式，这使得市场营销的范围变得很广。

（3）市场营销是一个整体性活动过程，不等同于销售或推销。市场营销并不是一项单一的工作，而是一个社会管理过程。要做好市场营销工作，必须做好市场调查、市场细分、目标市场选择、市场定位、营销组合策略（产品策略、价格策略、渠道策略、促销策略）等各方面的工作。

推销是企业市场营销活动的一个组成部分，但不是最重要的部分。如果企业确立了正确的营销观念、认真做好市场调查、真正了解顾客的需要，并且按照顾客的需要来设计和生产产品，同时合理定价、选择畅通的分销渠道、做好促销工作，那么产品的销售就不是难事。"现代管理学之父"彼得·德鲁克认为："营销的目标就是更好地了解并理解顾客需求，生产出与需求相匹配的产品或服务，让产品或服务实现自我销售。"

拓展阅读：管理学大师德鲁克生平

三、市场营销的作用

我们每天都在购买产品或者享受服务，同时，我们也支付了相应的营销成本，包括广告费用、销售人员的提成、经销商的利润。实际上，消费者每购买一件产品，其中就有约30%的支出用于相应的市场营销。

了解市场营销可以帮助我们减少购物支出。以家电和运动鞋为例，国内品牌和国际品牌的产品质量基本相同，但价格相差巨大。国际品牌的厂商花费巨额的费用在广告和营销上，其产品大多数却是国内的厂家代工生产的。国内的生产厂家生产出来的产品贴上国际品牌商标，价格就要提高几倍或十几倍。理性的消费者如果更关注产品功能和质量，就没必要买价格高昂的国际品牌。

　　了解市场营销可以让我们理性消费。在我们购物的时候，为什么选择某个品牌的商品，而不买其他品牌？部分原因是受到不同品牌开展的市场营销活动的影响。我们需要通过对商品的功能、外观、质量、品牌、购买成本、使用成本及售前、售中和售后服务等的综合评价，选择自己满意的商品，而不是完全受商家的促销、折扣等方面的诱惑。我们可以看到，众多知名的品牌为了俘获消费者的心，已将市场营销发挥到了极致。很多品牌的商品不仅拥有内在美，而且拥有外在美，适当的时候还会和消费者互动（促销），用尽方法取悦消费者。我们在琳琅满目的商品面前应保持一份理性，清楚地知道自己需要什么，冷静面对促销活动的诱导和影响。

　　无论在求职中，还是在创业中，市场营销都是无处不在的。我们成功与否，很多时候要看是否能将市场营销的原理运用得恰到好处。例如，我们毕业的时候，离开学校去找工作，是把自己推销给用人单位；我们买一套得体的衣服，是在包装自己；用简练而生动的语言写求职信，这是在为自己做广告；我们向用人单位提出期望的工资要求，这是在给自己定价；我们把自己的工资要求降低，是为促销自己。找到一份自己觉得满意的工作意味着我们实现了一次成功的营销。

　　如果我们想创业，就将面临几个问题：选择什么样的项目？如何创业？我们是否找到了市场的空白之处，发现赚钱的机会？这些机会是我们的优势所在吗？我们能把握住这些机会吗？解答这些问题离不开市场营销方面的知识。

　　在市场经济迅速发展的今天，作为普通的消费者，了解市场营销的相关知识，对于实现我们的目标与理想是大有帮助的。作为企业的营销人员，熟练地掌握市场营销方面的知识和技能，并灵活地加以应用，能够让我们将工作做得更好。

案例拓展 1-1

　　王晓明和刘军来到位于贵阳喷水池附近的德克士餐厅。王晓明拿出手机，在美团上点了乐享双人餐。他告诉刘军，网上点餐会便宜些，才43元。刘军点头，他现在很多时候也网上购物。刘军在网上买了两张《长津湖》的电影票。这部影片在网上评价很高，他很早就想去看了。

　　刘军还约王晓明下周末去黄果树景区。黄果树的微信公众号提示，黄果树景区这段时间免门票。刘军看后很高兴，他一直想去黄果树景区旅游，现在免门票，真是个机会。他俩一边吃着，一边商量去黄果树景区的事……

　　看到上述案例，你是否意识到市场营销无处不在？举例说明你身边的市场营销。

四、市场营销的核心概念

　　理解市场营销，需要弄清楚与市场营销相关的几组核心概念：需要、欲望和需求；价值和满意；交换和交易；市场营销者。

（一）需要、欲望和需求

1.需要

需要是人们没有得到某些基本满足的感受状态。需要包括对食物、衣服、住所、安全的物质需要，也包括对归属和情感的社会需要，以及对知识和自我表达的个人需要。这些需要不是由市场营销者创造出来的，而是人类与生俱来的。

2.欲望

欲望是人们对能够满足某种需要的具体物品的愿望。当有具体的实物满足需要时，需要就变成了欲望。人的欲望受环境的约束。例如，为满足充饥的需要，美国人可能选择汉堡，中国人可能选择米饭或面条。营销者可以影响欲望，开发及销售特定的产品和服务来满足欲望。

3.需求

需求是人们有能力购买并且愿意购买某个具体商品的欲望。人的欲望是无限的，但购买力有限，需求仅为需要集合中的一部分。市场营销的目的就是发现需要中有支付能力的那部分，并使其变成现实的需求。营销的任务是影响需求的水平、时机和构成，以便实现企业的目标。科特勒认为营销管理实质上是需求管理。

想一想

"中国经济发展正在从以往过于依赖投资和出口拉动向更多依靠国内需求特别是消费需求拉动转变。""中国不断拓展的内需和消费市场，将释放巨大需求和消费动力。"习近平总书记的重要论述，为扩大消费指明了方向，增强了信心。习近平总书记的论述反映出需求出现了什么变化？

（二）价值和满意

1.价值

从消费者的角度，价值是企业的产品或服务所具有的效用或利益。

顾客在作出购买决定时，不仅要考虑价值，而且要考虑成本。顾客让渡价值常常被用来分析顾客的购买决策。顾客让渡价值是指总顾客价值（包括产品价值、形象价值、服务价值和人员价值）和总顾客成本（包括货币成本、时间成本、体力成本和精神成本）之差。

2.满意

满意是指顾客满意，它是消费者对一件产品的可感知的效果与其期望值进行比较后的感受。如果产品可感知的效果低于期望，顾客会不满意；如果产品可感知的效果与期望相符合，顾客就会感到满意；如果感知效果超过顾客的期望，顾客就会高度满意或欣喜，甚至会增加对该产品的忠诚度。

（三）交换和交易

1.交换

交换是指为从他人处取得所需之物，而以自己的某种东西作为回报的行为。人们对满足其需求或欲望的产品的取得可以有四种方式，即自行生产、强行取得、乞讨、交换。其中，只有交换才会产生市场营销。

2.交易

交易是交换活动的一个基本单元，是交换双方之间的价值交换所构成的行为。交换是一个过程，在这个过程中，如果双方达成协议，就称发生了交易。一次交易包括三个可以度量的实质内容：（1）至少有两个有价值的事物；（2）买卖双方的存在；（3）买卖双方所同意的条件。

（四）市场营销者

市场营销的核心是交换，在交换双方中，如果一方比另一方更主动、更积极地寻求交换，则称前者为市场营销者，后者为潜在顾客。市场营销者可以是卖主，也可以是买主。如果买卖双方都在积极地寻求交换，那么，我们就把双方都称为市场营销者，并把这种情况称为交互市场营销。

五、市场营销管理过程

现代市场营销管理过程，始于分析市场机会，终于产品的售后服务，如产品的使用、维修等。具体而言，市场营销管理过程包括分析市场机会、选择目标市场、设计市场营销组合策略和管理市场营销活动，如图1-1所示。

分析市场机会 → 选择目标市场 → 设计市场营销组合策略 → 管理市场营销活动

图1-1　市场营销管理过程

（一）分析市场机会

市场机会是指潜在的市场需求，包括尚未完全满足的需求和新开发的需求。由于市场需求不断变化，每一种产品都有其生命周期，企业不能仅仅依靠现有产品过日子，必须不断地寻找、发现新的市场机会。

（二）选择目标市场

目标市场是企业决定要进入的市场。企业在对市场机会进行评估之后，受到企业内部条件和外部条件的制约，不可能将所有的市场作为目标市场，只能根据企业的资源、技术、资金等方面的条件，从众多的市场中选择一个或几个有利于发挥企业优势的市场作为自己的目标市场。

（三）设计市场营销组合策略

市场营销组合策略是企业的综合营销方案，即企业为了占领目标市场、满足顾客需求，对可控的各种营销因素进行的综合运用。企业的市场营销组合策略包括产品策略、价格策略、渠道策略、促销策略等。

（四）管理市场营销活动

营销过程离不开营销管理，并通过营销管理的实践、信息反馈来不断调整和完善营销策略。对于市场营销活动而言，需要市场营销计划、组织、控制三项营销管理职能的支持。

任务二 理解市场营销观念

市场营销观念是企业进行经营活动的基本指导思想，也是企业的经营管理哲学。市场营销观念的核心问题是：企业以什么样的营销哲学或理念来指导自己开展生产经营活动？一个企业只有树立正确的市场营销观念，才能正确处理生产、销售与市场需求的关系，有效地发挥市场营销的作用，保证市场营销活动顺利进行。

市场营销观念随着经济增长和市场供求关系的变化，先后出现了以下具有代表性的观念：生产观念、产品观念、推销观念、市场营销观念、社会营销观念和全面营销观念。

一、生产观念

这种观念认为：消费者欢迎那些买得到而且买得起的产品，企业生产什么就卖什么，只要生产出来了，就不愁没有销路。企业经营管理的重点是提高生产效率、增加产量、降低成本，在销售方面用不着花费力气。

这种观念产生于20世纪20年代前后。当时，社会生产力水平相对落后，市场是求大于供的卖方市场，产品价值的实现不成问题。因此，企业的经营哲学不是从消费者的需求出发，而是从企业的生产出发。这种观念的产生和存在以产品供不应求、不愁销路为条件。例如，美国汽车大王亨利·福特曾傲慢地宣称："不管顾客需要什么颜色的汽车，我只有黑色的一种。"这就是生产观念的典型表现。显然，生产观念是一种重生产、轻市场营销的经营哲学。

二、产品观念

这种观念认为，消费者总是欢迎那些质量高、性能好、价格合理的产品。因此企业只要提高产品质量，做到物美价廉，产品就不愁销路。在这种情况下，企业追求"以质取胜"。我国有一句俗语叫"酒香不怕巷子深"，就是对产品观念的最好诠释。

这种观念本质上还是企业生产什么就销售什么，但是它比生产观念多了一层竞争色彩。在市场供求发生变化，供不应求的状况逐渐缓解的背景下，这种观念被企业管理者所接受。然而，产品观念容易导致"营销近视症"，即把注意力放在产品上，而忽视市场需要，致使企业经营陷入困境。

案例拓展 1-2

美国爱尔琴钟表公司自1869年创立到20世纪50年代，一直被公认为是美国最好的钟表制造商之一。该公司强调生产优质产品的理念，并通过著名珠宝商店、大型百货公司分销钟表。1958年之前，公司销售额始终呈上升趋势，但此后其销售额和市场占有率开始下降。造成这种状况的原因是市场形势发生了变化：这一时期的许多消费者对名贵手表不再感兴趣，而趋于购买那些经济、方便、款式新颖的手表；许多制造商为迎合消费者需要，开始生产低档手表，并通过廉价商店、超级市场等大众分销渠道积极推销，从而夺去了爱尔琴钟表公司的部分市场份额。爱尔琴钟表公司竟没有注意到市场形势的变化，依旧迷恋于生产精美的传统样式的手表，仍旧借助传统渠道销售，认为自己的产品质量好，顾客必然会找上门。结果，企业经营遭受重大挫折。

资料来源　谢新华．"爱尔琴"失宠的原因［EB/OL］．［2018-04-26］．http：//manage.org.cn/Article/200504/13573.html.

三、推销观念

这种观念认为：顾客一般不会主动购买非必需的产品，但是如果企业采取适当的促销措施，顾客可能会购买这些产品。推销观念通常用于非必需商品，即购买者不会主动考虑购买的产品，如保险或献血。

随着生产力水平的提高，卖方市场向买方市场转化，市场上产品"相对过剩"导致企业的销售问题突出，产品销售成为企业的主要问题，此时，推销观念便应运而生。企业必须想方设法把自己的产品推销出去，因此企业坚持"以产促销"的观念，即"企业销售什么，消费者就买什么"。

在这种观念的指导下，企业十分注意运用各种推销手段和广告，寻找"点子""策划方案"，加强推销工作，力求赢得更多的客户。由于推销观念仍然是从既有的产品出发，本质上仍然是生产什么就销售什么，有时会产生一定的效果，但不可能从根本上使企业生产经营实现良性循环。

四、市场营销观念

市场营销观念又称需求中心论，是20世纪50年代以来随着买方市场的出现而产生的。这种观念认为，企业只有明确目标顾客的需求，才能比竞争者更有效地提供产品和服务，满足顾客需求，实现企业目标。

市场营销观念的产生意味着企业经营哲学的根本性改变。企业考虑问题的逻辑顺序不再从现有的生产出发，以现有的产品去吸引或寻找顾客，而是从市场上消费者的需求出发，按照消费者的需求去组织生产和销售，以满足顾客的需要。企业的经营目标不是追求销售量的短期增加，而是着眼于长久地占领市场。推销观念与市场营销观念的比较见表1-1。

表1-1　　　　　　　　　　　　推销观念与市场营销观念的比较

类　型	出发点	方　法	产销关系	目　的
推销观念	产品	推销或促销	以产定销	扩大销售，获取利润
市场营销观念	顾客需求	整体营销	以销定产，产需结合	满足需求，获取利润

推销观念与市场营销观念的本质区别在于：推销观念的出发点是产品，以卖方（企业）的需要为中心，通过大量销售来赚取利润；市场营销观念的出发点是顾客，以买方（顾客）的需求为中心，从顾客需求的满足获取利润，是一种"以顾客为导向"（市场导向）的营销观念。

五、社会营销观念

这种观念认为，企业提供产品不仅要满足消费者的需要和欲望，而且要符合消费者和社会发展的长远利益，因而主张将企业利润、消费者需求与社会利益三者统一起来。

由于过量生产、大量消费、激烈竞争，造成了资源浪费、环境污染和物价上涨等问题，这些都使社会公众的利益受到损害，令广大消费者反感，损害企业在公众心目中的形象，严重影响了企业产品的销售，最终影响到企业效益。在这种情况下，企业不得不考虑公众意见、社会舆论和政府干预，用社会营销观念来补充和完善市场营销的不足。因此，企业在追求自身利益最大化的同时，也应关注社会公众的利益。

案例拓展1-3

在应对全球气候变化的过程中，各国逐渐形成了低碳发展的共识。中国作为全球碳排放居首的国家，提出"2030年碳达峰、2060年碳中和"的目标。

新能源产业投入高、回报周期长。在政府的支持下，市场上的先行者逐步实现了从量变到质变的突破，风能、太阳能等产业可以不再依靠政府补贴实现盈利。新能源产业崛起的关键，是中国政府战略层面的高瞻远瞩，为产业的发展和升级奠定了坚实基础。

目前，中国在特高压、光伏发电和电动车等领域达到了世界领先水平。一系列成就的取得，让中国有底气提出了碳中和的承诺。

六、全面营销观念

全面营销观念强调营销规划、营销流程和营销活动的全面开发和实施过程，涵盖范围广，且各步骤相互影响。全面营销观念认为，市场营销涉及各个方面，因此需要以更加全面、整合的视角来理解市场营销。全面营销观念主要包括关系营销、整合营销、内部营销和绩效营销四个方面。

1.关系营销

关系营销要求企业与各主要受众方建立双方都满意的长期关系，以保持或增加企业利润。关系营销的核心是正确处理企业与顾客、员工、供应商、分销商和其他合作伙伴之间的关系，以实现利益最大化。随着市场经营活动变得日益复杂，关系营销显得愈发重要。

2.整合营销

整合营销要求企业在创造、传播、传递顾客价值过程中，采用"总体大于部分之和"的理念设计营销方案和计划。整合营销的两大主线为：（1）营销活动中很多不同的要素都能够创造、传播和传递价值；（2）营销人员在设计和执行每一个营销要素时，应当同时考虑其他要素。例如，一所学校从用友公司购买一套财务软件的同时，也期望用友公司能够提供周到的安装、维护和培训等相关服务。

3.内部营销

内部营销要求确保组织中每个人（尤其是高级管理人员）都遵循适当的营销准则。内部营销的主要任务是雇用、培养、激励那些能服务好顾客的员工。内部营销主要发生在两个层次：一是各种不同营销职能必须协调工作；二是营销需要其他部门的支持。

4.绩效营销

绩效营销要求企业理解营销方案、营销活动对企业和社会带来的财务和非财务回报。顶尖营销人员不仅关注销售额，而且越来越多地关注市场份额、顾客流失率、顾客满意度、产品质量等指标，也会考虑营销方案和营销活动产生的法律、伦理、社会、环境等方面的影响。

职场对接

张磊通过应聘进入山花乳业公司营销策划部。张磊认为自己应该以市场营销的思维来认识公司，从而做好自己的工作。你认为张磊如何才能做好营销工作？

知识回顾

1.单项选择题

（1）某家具生产企业宣称其生产的办公桌从10层楼上扔下来都不会摔坏。该家具生产企业所奉行的是（　　）。

A.生产观念　　　　　　　　　　　　B.推销观念

C.产品观念　　　　　　　　　　　　D.营销观念

（2）（　　）的主要任务是雇用、培养、激励那些能服务好顾客的员工。

A.内部营销　　　　　　　　　　　　B.整合营销

C.绩效营销　　　　　　　　　　　　D.关系营销

（3）容易导致企业出现"营销近视症"的是（　　）。

A.生产观念　　　　　　　　　　　　B.产品观念

C.推销观念　　　　　　　　　　　　D.营销观念

（4）企业与其顾客、分销商、经销商、供应商等建立、保持并加强合作关系，通过互利交换及共同履行承诺，使各方实现各自目的的营销是（　　）。

A.关系营销　　　　　　　　　　　　B.交易营销

C.直接营销　　　　　　　　　　　　D.绿色营销

（5）生产观念产生的条件是（　　）。

A.买方市场　　　　　　　　　　　　B.卖方市场

C.工业品市场　　　　　　　　　　　D.消费品市场

（6）市场营销活动的核心是（　　　　）。

A.销售 　　　　　　　　　　　　B.购买

C.交易 　　　　　　　　　　　　D.交换

（7）从市场营销的角度看，市场是（　　　　）。

A.买卖的场所 　　　　　　　　　B.商品交换关系的总和

C.交换过程本身 　　　　　　　　D.某种产品现实和潜在的购买者

（8）以"酒香不怕巷子深"为经营理念的企业属于（　　　　）型企业。

A.生产观念 　　　　　　　　　　B.产品观念

C.推销观念 　　　　　　　　　　D.市场营销观念

（9）市场营销观念的出发点是（　　　　）。

A.企业利润 　　　　　　　　　　B.产品质量

C.顾客需求 　　　　　　　　　　D.品牌

（10）总顾客价值与总顾客成本之差是（　　　　）。

A.企业让渡价值 　　　　　　　　B.企业利润

C.顾客让渡价值 　　　　　　　　D.顾客利益

2.多项选择题

（1）市场营销意义上的市场是由（　　　　）构成的。

A.人口 　　　　　　　　　　　　B.卖方

C.购买力 　　　　　　　　　　　D.买方

E.购买欲望 　　　　　　　　　　F.营销中介

（2）在绩效营销观念下，顶尖营销人员不仅关注销售额，而且越来越多地关注市场份额、顾客流失率、顾客满意度、产品质量等指标，也会考虑营销方案和营销活动产生的（　　　　）影响。

A.法律 　　　　　　　　　　　　B.伦理

C.社会 　　　　　　　　　　　　D.环境

（3）企业的市场营销组合策略包括（　　　　）。

A.产品策略 　　　　　　　　　　B.价格策略

C.渠道策略 　　　　　　　　　　D.促销策略

E.体验策略

（4）市场营销管理过程包括（　　　　）等步骤。

A.分析市场机会 　　　　　　　　B.选择目标市场

C.设计市场营销组合 　　　　　　D.管理市场营销活动

3.判断题

（1）市场营销学中所指的市场就是指商品交换的场所。　　　　　　　　（　　　）

（2）市场营销学上讲的需要和需求是相同的。　　　　　　　　　　　　（　　　）

（3）人们的需要是随着环境变化而发生变化的。　　　　　　　　　　　（　　　）

（4）市场营销管理过程是从产品生产开始的。　　　　　　　　　　　　（　　）

（5）市场营销观念是随着卖方市场的出现而产生的。　　　　　　　　　（　　）

4.简答题

（1）什么是市场营销？结合实际说说学习市场营销知识的意义。

（2）推销观念和市场营销观念有哪些区别？

5.案例分析

案例1：企业需要什么样的人才

李勇和秦伟两人大学毕业后同时应聘到一家超市工作，都是从最基层干起。没多久李勇就被从导购提升到部门经理，而秦伟仍旧在最基层工作。终于有一天秦伟忍无可忍，向总经理提出辞职，并抱怨不公平。总经理耐心地听着，他了解这个年轻人，秦伟工作上肯吃苦，但似乎缺少了点什么。缺什么呢？总经理忽然有了一个主意，他对秦伟说："你马上到集市上去看看今天有什么卖的。"秦伟很快从集市回来说："刚才集市上只有一个农民拉了一车土豆在卖。""一车大约有多少袋，多少斤？"总经理问。秦伟又跑去，回来说"有5袋。""价格多少？"秦伟再次跑到集市上去问。总经理望着跑得气喘吁吁的秦伟，"休息一会儿吧，你看看李勇是怎么做的"。说完叫来李勇对他说："李勇，你马上到集市上去，看看今天有什么卖的。"李勇很快从集市上回来，汇报说到现在为止只有一个农民在卖土豆，有5袋，价格适中，质量很好，他带回几个让总经理看。这个农民过一会儿还将弄几筐西红柿上市，据他看价格还公道，可以进一些货。这种价格的西红柿总经理可能会要，所以他不仅带回了几个西红柿作为样品，还把那个农民也带来了，他现在正在外面等回话呢。总经理看了一眼秦伟，对他说……

思考题：

同学们，当你们走出学校的时候，你了解劳动力市场行情吗？你思考过自己的价值吗？从市场营销者的角度，你认为企业需要什么样的人才？

案例2：皮尔斯堡面粉公司的营销观念

美国皮尔斯堡面粉公司成立于1869年，从成立到20世纪30年代以前的几十年间，这家公司一直贯彻"本公司旨在制造面粉"的口号。因为在那个年代，人们的消费水平较低，面粉公司认为，不需做大量宣传，只需保持面粉的质量，大批量生产，降低成本和售价，销量就自然大增，利润也继而增加，而不必讲究市场需求特点和推销方法。

1950年以后，美国皮尔斯堡面粉公司经过调查，了解到第二次世界大战后美国人民的生活方式已发生了变化——家庭妇女采购食品时，日益要求多种多样的半成品或成品（如各式饼干、点心、面包等）来代替购买面粉回家做饭。针对消费者需求的这种变化，这家公司主动采取措施，开始生产和推销多种成品或半成品的食品，销售量迅速上升。1958年，这家公司又进一步成立了皮尔斯堡销售公司，着眼于长期占领食品市场，着重研究今后3年至30年消费者的消费趋势，不断设计和制造新产品，培训新的销售人员。

思考题：
美国皮尔斯堡面粉公司市场观念有何转变？

项目实训

◆ **训练目标**

1.增强学生对市场及市场营销观念的认识和理解，能够为模拟公司制定正确的营销观念，指导模拟公司开展营销活动。

2.激励学生沟通与合作，培养学生的自信，全面提高学生的综合素质。

◆ **训练内容**

1.寻找榜样。寻找一位你所敬仰的企业家，了解他的成长历程及成就。

2.寻找模式。寻找一家你感兴趣的企业，查看这个企业的网站，对这个企业进行调查。了解该企业的经营指导思想（经营观念）、营销行为及公司的组织结构。

3.分组成立模拟公司。确定模拟公司的名称、标志、公司各部门的负责人。编写"模拟公司"的简介，简介内容包括模拟公司的经营内容、营销观念、奋斗目标、口号、组织结构等，并以PPT的形式向全班汇报。

◆ **训练方法**

网络调查法、情景模拟法。

◆ **训练建议**

1.将学生分成若干组，每组5人，设组长1名，组织本组成员进行实训。

2.在小组内分享所调查的企业的名称、经营指导思想（营销观念）、组织结构、经营范围及经营方式。

3.各组成立模拟公司，组长组织讨论，确定所成立的模拟公司的名称、经营指导思想（营销观念）、组织结构、经营范围及经营方式。

4.将所成立的模拟公司的情况写成书面报告。

5.各组根据模拟公司的情况制作PPT，并由1名组员向教师和同学汇报模拟公司情况。

◆ **考核与评价**

1.考核与评价采取报告展示和现场表现相结合的方式。

2.评分采取学生和老师共同评价的方式。

评价考核标准见表1-2。

表1-2　　　　　　　　　　　　　　　**评价考核标准表**

评价考核标准	分值
模拟公司名称和标志简洁易记、符合法规要求	20
模拟公司营销观念是否符合市场营销观念的要求	20
对模拟公司情况的介绍全面、正确	20
资料图文并茂，能增加顾客对企业的好感	20
组员汇报时仪态端庄、思路清晰、语言流畅	20
合　计	100

学会市场调查

引导案例

1997年初巨人大厦未按期完工，史玉柱负债2.5亿元。1998年，史玉柱向朋友借了50万元，开始运作脑白金。由于资金有限，史玉柱将启动市场的第一站放在了江阴市。在进入江阴市场之前，史玉柱做过一次著名的"江阴调查"。

他走村串镇，挨家挨户去访问潜在客户。白天年轻人都出去工作了，在家的都是些老年人，半天见不到一个人。见到有人来，老人们特别高兴。史玉柱顺手就搬个板凳坐在院子里跟他们聊天。

在看似漫无边际的聊天中，史玉柱总会有意无意地抛出以下问题："你吃过保健品吗？""如果可以有效地改善睡眠，你需要吗？""可以调理肠道、通便的产品，对你有用吗？""可以增强精力呢？""不考虑价格如何，你愿不愿意使用它呢？"

在面对这些问题时，那些老人往往都会说："你说的这种保健我非常想吃，但我舍不得买啊。我等着我的孩子给我买！"

史玉柱接着问："那你吃完保健品后一般怎么让孩子们买呢？"

得到的答案是老人们往往不好意思直接告诉孩子，而是把保健品的包装盒放在显眼的地方，进行暗示。

这种亲力亲为的现场走访，让史玉柱准确地掌握了用户的深层次痛点与诉求，在此基础上产生了后来那句家喻户晓的广告词："今年过节不收礼，收礼只收脑白金。"这句广告词被整整播放了20年之久，为史玉柱累计带来了100多亿元的销售额。

资料来源　佚名.史玉柱用这一招，脑白金卖了20年，赚了100多个亿！[EB/OL].[2019-01-09]. http://blog.sina.com.cn/s/blog_3c7d60f10102x2dt.html.

请思考：
1.史玉柱为什么选择在江阴开展市场调查？
2.你对史玉柱的调查方式、询问内容有何评价？

任务一　认识市场调查

一、市场调查的含义

市场调查是指企业运用科学的方法，有目的、有计划地收集、整理和分析与市场营销有关的信息，提出调查报告，为企业的经营决策服务的活动。在现代经济社会中，市场调查与人们的生活息息相关。例如，我们想买一部手机，会先逛逛商场或访问电商网站，通过各种方法查询有关手机的信息、收集各种资料，或者听取朋友、亲戚的建议，比较各款手机的功能、质量和价格等，最后确定自己所需的品牌和型号才去购买。这其实也是一次市场调查活动。

同样，企业若想在激烈的竞争中立于不败之地，就要从了解市场、熟悉市场入手，认认真真做好市场调查与研究工作，这样才能为后续制定市场营销策略做好准备。因此，有专家指出：市场调查是市场营销的基石，基石不牢固，楼房将会坍塌。

市场调查在发达国家已经成为众多企业的一种营销武器。美国73%的企业设有正规的调查部门，负责产品的调查、预测、咨询等工作，并在每一种产品进入新市场前都要对其进行调查。日本对市场调查工作也非常重视，日本经济界重视经济情报，研究国内外市场，不断研究世界市场的新动向，已经形成了一种惯例，这是其在国际市场角逐中能够取胜的一个重要原因。现在，我国的一些企业也逐渐开始重视市场调查工作，但起步比较晚，调查的方法和手段还有待进一步改进。

想一想

调查研究是做好一切工作的必备基本功。习近平总书记对调查研究提出了深、实、细、准、效的要求，其实质也是搞好调查研究的科学方法。深就是深入群众，深入基层，到田间、厂矿、群众和各社会层面中去了解情况、解决问题。实就是作风要实，真正做到听实话、摸实情、办实事。细就是认真听取各方面意见，深入分析问题，掌握全面情况。准就是不仅要全面深入细致地了解实际情况，更要善于分析矛盾、发现问题，透过现象看本质，把握规律性的东西。效就是提出解决问题的办法要切实可行，制定的政策措施要有较强操作性，做到出实招、见实效。循此而行，才能取得真实可信、扎实有效的调研成果，从而得出正确结论，为科学决策服好务。

从以上材料中你是否认识到市场调查的意义？

二、市场调查的类型

按照调查目的，市场调查可以分为以下类型：

（一）探索性调查

探索性调查是企业对市场情况不明确时，为找出问题的症结，明确进一步调查的内容和重点，所进行的非正式的初步调查。它主要解决"是什么"的问题。

（二）描述性调查

描述性调查是对企业所要调查的问题如实加以描述和反映，并从中揭示其内在关系。其主要包括市场占有率调查、竞争情况调查、消费者行为调查、推销方式及渠道调查、市场情况调查等。它主要解决的是"何时和如何"的问题。

（三）因果性调查

因果性调查是企业为了弄清楚市场上各种变量之间的因果关系，收集有关市场变量的数据资料，运用统计分析和逻辑推理等方法所开展的调查。这种调查主要解决"为什么"的问题。

三、市场调查的内容

市场调查的内容比较广泛，企业面对的问题不同，调查的范围也自然不同。企业可以根据市场调查的目的确定市场调查的内容。一般来说，企业进行的市场调查主要有以下几个方面的内容。

（一）宏观环境调查

宏观环境调查主要是对影响企业经营活动的人口环境、经济环境、政治法律环境、自然环境、社会文化环境、科学技术环境所进行的调查。

人口的多少决定了市场潜在规模的大小。人口的规模、地理分布、年龄结构和家庭结构等也会对市场需求格局产生深远影响。经济发展状况、国内生产总值和国民收入的增长情况及国民的消费能力、消费结构等对购买力会产生直接的影响。政治法律环境的调查主要是了解对市场产生影响和制约作用的国内外政策、方针和法律法规等。如涉及食品安全的法律法规、房地产销售的有关政策法规等。自然环境调查是对企业与目标市场的地理位置、气候条件、地形地貌、交通运输及其他相关的自然环境的调查。社会文化环境调查是调查居民的生活方式、风俗习惯、宗教信仰、受教育程度、民族特点等内容。新技术会带来社会生产方式、人的思维方式及消费习惯等的转变。

（二）微观环境调查

1.产品调查

产品调查的内容主要包括：产品供求状况、产品设计、产品组合、产品生命周期、产品品牌、产品包装，以及产品售前、售中、售后服务等。

2.市场需求调查

对市场需求的调查主要包括顾客基本情况（如年龄、职业、性别、收入水平、消费水平等）的调查，顾客需求情况（如需求的数量、品种、规格、时间）调查、顾客对企业产品的满意度调查、对企业产品信赖程度的调查、对影响需求的各种因素的调查，以及对顾客的购买动机、购买行为的调查。

3.市场竞争状况调查

企业只有对市场上的竞争对手进行详细的调查和评估，才能在市场竞争中立于不败之地。市场竞争状况调查主要包括：竞争对手的产品价格、档次、质量、功能和性能；同行业竞争者数量（同行企业的个数、产品的种类及品牌），替代品的分布，竞争对手的规模、产品结构、市场范围、市场营销策略，顾客对竞争者产品、服务和营销策略的评价等。

4.产品销售渠道调查

企业还要对产品的销售渠道和销售方式进行调查和了解，主要内容包括：本企业产品的分销渠道分布；各个分销渠道的服务、促销、资金等方面的状况；本企业的中间商数量，其规模、销售额、经营范围、顾客类型、地区分布情况。

5.价格调查

价格调查的内容包括：市场供求状况、变化趋势的调查；影响价格变化的各种因素的调查；产品需求价格弹性的调查；替代产品价格的调查；新产品定价策略的调查。

6.促销调查

促销调查是对企业的促销方式、促销政策的执行效果以及对促销消费者的影响的调查。企业开展促销活动后，进行促销调查，了解消费者对促销的态度、促销的评价，能够为以后的促销活动积累经验，不断提高促销的效果。

案例拓展2-1

肯德基早已为国人所熟悉，但它是如何打入中国市场的，知道的人却不多。肯德基打入中国市场的一个重要的经验，就是在广泛收集信息的基础上进行科学的预测。

最初，肯德基公司派一位执行董事来中国考察市场。他来到北京街头，看到川流不息的人流，穿着都不怎么讲究，就报告说：炸鸡在中国有消费者，但无大利可图，因为中国消费水平低，想吃的人多，但掏钱买的人少。他没有进行相关信息的收集整理，仅凭直观感觉、经验作出预测，被总公司以不称职为由降职处分。

肯德基公司接着又派了另一位执行董事来北京考察。这位先生在北京的几个街道上用秒表测出行人流量，然后请500位不同年龄、职业的人品尝炸鸡的样品，并详细询问他们对炸鸡的味道、价格、店堂设计等方面的意见。不仅如此，他还对北京的鸡源、油、面、盐、菜及北京的鸡饲料行业进行了详细的调查。经过总体分析，他得出结论：肯德基可以进入北京市场，每只炸鸡虽然是微利，但消费者群体巨大，仍能赢利。果然，北京的第一家肯德基店开张不到300天，就赢利了250多万元。

任务二 开展市场调查

一、市场调查的步骤

（一）调查准备

1.现实情况分析

调查者要收集当前的内部相关资料，对照过去和现在的情况进行初步分析，找出问题的症结所在。

2.确定调查的主题

根据现实情况分析得出的初步结论确定调查的任务，将调查范围缩小，并保证工作的有效性。

（二）正式调查

1.确定资料来源

调查资料的来源一般有两种：原始资料和现成资料。原始资料也称为第一手资料，是由调查者亲自观察、访问、实验所获取的资料。它的优点是得到的结果真实可信；缺点是需要花费大量的时间和精力去收集资料，成本相对较高。现成资料也称为第二手资料，通过收集、整理别人公开发布的信息而获得。它的优点是获取资料方便、快捷、成本低；缺点是得到的结果未必真实。一般来说，调查者总是先收集现成资料，当它不能满足决策需要时才会收集原始资料。

2.制订调查计划

调查计划应该明确以下几个问题：调查对象是谁？用哪种调查方法？调查哪些内容？调查的时间定在何时？怎样组建调查的队伍？需要多少经费？

3.设计调查问卷

市场调查问卷是开展市场调查工作的重要工具。调查者通过调查问卷收集尽可能有用的真实信息，提供给决策者作为决策的依据。调查问卷的式样根据调查方法和调查内容的不同可自行选择；调查问卷的题型也可以多种多样，常见的有选择题、判断题、顺位题、问答题等。

4.开展实地调查

实地调查是一种按照调查计划确定的内容进行的调查。调查前，应做好调查人员的甄选和培训工作，因为调查人员的工作能力和业务水平会直接影响调查的结果。

（三）结果处理

1.整理调查资料

对于市场调查获得的资料要用科学的方法严格审核、分类处理。失实、有严重错误的资料要坚决剔除，合格的资料要编号、分类、汇总、分析。

2.撰写调查报告

通过对调查资料的定性分析和定量分析，调查者得出调查结论，据此提出相应的建议。调查报告是调查者将市场调查的具体情况、调查得出的结论、给出的建议写成的书面报告。市场调查报告是企业进行市场预测和决策的依据。

二、市场调查的方法

（一）直接调查法

市场调查需要到市场上收集第一手资料。在收集资料时，可以使用以下几种方法：

1. 观察法

观察法是调查人员直接到调查现场进行观察或用设备（照相机、摄像机、录音机）进行记录的一种调查方法。这种方法是在被调查者不察觉的情况下，观察和记录他的行为方式，被调查者没有感到自己在被调查，因而调查结果真实、可靠，取得的资料接近实际情况，但是调查的面窄、花费时间较长。比如，要调查市场上的商品的品牌、品种、销量等情况，我们可以直接到各个商场进行直接观察，做好详细的记录。

案例拓展 2-2

著名广告公司环球网络接受了英国国民健康服务体系（NHS）的一个项目——针对年轻人发起一场大规模的反吸烟行动，尤其是十几岁的女生。

拿到这个项目之后，环球网络的广告人在市中心找了一家咖啡馆，每天坐在最中间的位子上，偷听四周桌子上年轻女生们的谈话，然后一一记录下来。在倾听的过程中他们发现，女生谈论最多的话题都是关于买衣服、做头发、化妆、减肥、整容、唇膏粉底眼线笔、面霜眼霜指甲油……这些广告人突然意识到，对于这些年轻的女孩们而言，最重要的事莫过于她的外表，她看起来怎么样。

于是环球网络发起了一项传播战役——吸烟损害容貌。吸烟会让你皮肤黯淡、牙齿发黄、眼角生纹、口气变臭……这一系列广告取得了显著效果。这一整套传播方案及其用户洞察其实都来自非常直观的消费者调研。

2. 访问法

访问法是通过询问的方式向被调查者了解市场情况，获取原始资料的一种方法。调查人员事先拟定好调查问卷，采用询问的方式将问题逐项询问调查对象或者让调查对象自己填写调查问卷，以此获取市场信息。根据调查人员与调查对象接触方式的不同，访问法一般分为以下五种：

（1）面谈访问，是指调查人员通过与调查对象面对面交谈来获取所需市场信息。

（2）留置问卷，是指调查人员亲自将调查问卷交到调查对象手中，告知其调查要求和意图，由调查对象配合填写，然后调查人员在约定之日上门回收调查问卷的一种调查方法。

（3）邮寄访问，是指调查人员将附上回邮信封（写好回邮地址）和邮票的调查问卷邮寄给调查对象，由调查对象按要求填写，并于规定日期前回邮给调查者。

（4）电话访问，是指调查人员通过电话向调查对象询问相关信息的一种调查方法。

（5）网络问卷，是指调查人员借助网站或电子邮件将调查问卷发送给调查对象，调查对象在网上填写后提交的一种调查方法。

3.实验法

实验法是指调查者通过实验室实验调查或现场实验调查的形式获取信息资料的一种方法，这种方法主要是通过实验对比得出结论。比如，企业新研发了一款电视机，希望能了解消费者的意见，可以让一部分消费者将电视机带回家试看一段时间，然后给出一个客观的评价。

案例拓展2-3

日本的一家名为三叶的咖啡馆，为了扩大销售，曾经做过这样一个实验：用红色、咖啡色、黄色和青色四种不同颜色的杯子分别装入浓度相同的等量咖啡，让消费者试喝。结果有90%以上的人认为红色杯子里的咖啡很浓，咖啡色杯子里的咖啡较浓，黄色杯子的浓淡适中，青色杯子的则太淡。据此，该店老板就决定用红色杯子来盛咖啡，结果咖啡馆的生意变得很红火。

资料来源　孙天福. 市场营销基础［M］. 上海：华东师范大学出版社，2008.

以上几种方法，在一次调查活动中可以分开使用，也可以综合起来使用，但需要注意，调查中调查对象的选取常常还要结合抽样调查的方法来进行。抽样调查法就是调查人员从总体中抽取一小部分的样本进行研究，然后推断得出总体情况的方法。样本就是从总体中挑选的能代表总体的部分。

抽样调查法可分为随机抽样和非随机抽样两种方法。随机抽样，就是调查者无规律地从总体中抽取一定数量的样本进行研究。非随机抽样，就是根据调查者的主观判断有目地从总体中抽取一定数量的样本进行研究。

（二）间接调查法

间接调查法分为索取法、收听法、咨询法、查找法。

（1）索取法，是指调查人员直接向有关部门索取相关资料的方法。

（2）收听法，是指调查人员通过收听广播及其他传播媒体来收集相关资料的方法。

（3）咨询法，是指调查人员通过向有关信息或情报咨询中心进行咨询获取资料的方法。

（4）查找法，是指调查人员利用各种搜索工具查找文献资料获取相关信息的方法。

三、调查问卷的设计

市场调查常常要借助市场调查问卷开展工作。市场调查问卷也称调查表，是企业在做访问调查时用来系统记录调查项目及调查问题，获取第一手市场信息的最为普遍的工具。

（一）调查问卷的主要内容

（1）调查对象的基本情况，如姓名、性别、年龄、职业、收入、文化程度等。

（2）调查内容，即调查的具体项目，包括拟调查的问题和可供选择的答案。这是整个调查问卷最重要、最基本的部分。

（3）调查问卷的补充说明、注意事项、感谢语等。

（4）调查问卷的编号，由市场调查人员填写，以便整理、总结。

（二）调查问卷的题型设置

1.选择题

选择题包括单项选择题和多项选择题两种，可以多选的题目应标注清楚。设置这种题型的好处在于它简单明了，统计比较方便。

例如，你身边的同学使用什么品牌的手机？（可多选）

华为 □　VIVO□　OPPO□　苹果□　小米□　三星□　其他□

2.判断题

这种题型只允许调查对象在两个备选答案中选择一个。它的好处是答案非常明确，有利于收集整理资料，不足之处是不利于体现调查对象意见的差别程度。

例如，你有无手机？有□　无□

若调查对象选择"有"，市场调查人员无法准确获知调查对象具体有几台手机；若调查对象选择"无"，市场调查人员无法准确获知调查对象是现在没有手机，还是以前有，但现在没有手机。

3.顺位题

这种题型就是希望调查对象根据自己的喜爱程度对备选答案排序。其好处同样是简单明了，方便统计。但如果备选答案过多，就会使调查对象因不耐烦而胡乱填写。

例如，你喜欢什么品牌的手机？请按照喜爱程度为下列品牌排序。

华为 □　VIVO□　OPPO□　苹果□　小米□　魅族□　其他□

4.问答题

题目中不给出任何备选答案，由调查对象根据自己的真实想法给予回答。这样做的好处是调查者能收集到意料之外的信息和具有建设性的意见。但由于答案五花八门，会给整理和分析资料带来一定难度。

例如，你对于未来的手机功能有什么期待？

想一想

在调查年龄时，应该让调查对象选择一个确切的数字（如28岁），还是一个区间（如25岁到30岁）？为什么？

（三）设计调查问卷应该注意的问题

1.要明确调查目的，确定调查主题

如果调查问卷的设计针对性强，就能帮助调查者得到有价值的信息，取得良好的调查效果。调查者应在明确调查目的的前提下，选择好调查主题。调查主题一旦明确，就应紧扣主题进行提问，避免提出没有实际意义的问题。

2.要使用通俗易懂的语句

问卷设计者应考虑调查对象的文化水平可能存在差异，尽量不要使用过于深奥、专业的词汇和语句。比如PC（个人电脑）、GDP（国内生产总值）、CPI（消费者物价指数）等专业术语，不宜在调查问卷中使用。很多人对这些英文缩写的意思并不了解，在填写调查问卷时，他们无法准确回答相关问题。

3.设计问卷应遵循先易后难的原则

设计问卷时，应将简单的问题放在前面，复杂的问题放在后面，这样会使调查对象回答时感到轻松。需要注意的是，开放式问答题一般都应放在问卷的最后。

4.避免提含糊不清或过于笼统的问题

调查问卷所提的问题一定要清楚、明了，如果含糊不清或过于笼统会让调查对象无所适从。比如"您认为小米手机怎么样？"这个问题，就会让调查对象弄不清楚问卷到底想问哪个方面的情况，问卷设计者应将此类问题完善。假设要问售后服务方面的问题，可以修改成"您认为小米手机的售后服务怎么样？"

5.避免提敏感的问题

敏感问题容易引起调查对象的反感，尽量不要涉及此类问题。如果一定要问，则应用较为婉转的方式提出。年龄、收入、婚姻状况等都属于敏感问题，应尽量巧妙设问。如果想了解消费者的收入状况，不要问具体数字，而是了解一个区间范围。

例如，您的月收入是多少？

3 500元以下□　　3 500~5 000元□　　5 000~8 000元□　　8 000元以上□

6.避免提诱导性的问题

设置具有诱导性的问题会影响调查对象真实意思的表达，导致调查结果失真。比如"某品牌电视机连续三年全国销量第一，深受消费者的喜爱，您认为它的质量如何？"这个问题，就会使调查对象产生从众心理，别人说它好，我也说它好。

7.避免提需要计算的问题

设置需要计算的问题会加重调查对象的负担，导致其产生烦躁情绪，无法继续配合调查。调查问卷设问的重点是取得基本信息，回收调查结果后再对需要计算的数据进行处理。例如，我们想了解调查对象的家庭人均每年的伙食费是多少，就应该设置两个问题获取基本信息。第一个问题是："请问您家一共有几口人？"第二个问题是："请问您家每个月的伙食费大概是多少？"调查结束后，设置计算机程序算出人均每年伙食费即可。相反，如果我们直接设问："请问您家里人均每年的伙食费是多少？"调查对象则需要

拓展阅读：
6个免费的问卷发布制作调查平台

进行计算才能回答出来。

案例拓展2-4

下面给出手机调查问卷，供学习参考。

<h2 style="text-align:center">中职学生手机使用情况调查问卷</h2>

编号：

亲爱的同学们：耽误您宝贵的时间完成这份调查问卷，对您的支持表示感谢！此问卷是为了调查学生手机的使用情况，您的答案不会对外公布，您不必有任何顾虑。

1.您的性别是（　　　）。

A.男　　　　　　　　　B.女

2.您的年龄是（　　　）。

A.16岁以下　　　　　　B.16～18岁　　　　　C.18岁以上

3.您目前（　　　）手机。

A.有　　　　　　　　　B.无

4.您现在使用的手机是（　　　）品牌。

A.苹果　　　　　　B.OPPO　　　　　C.华为　　　　　D.VIVO

E.小米　　　　　　F.其他

5.您手机的颜色是（　　　）。

A.黑色　　　　　　B.白色　　　　　C.金色　　　　　D.蓝色

E.大红色　　　　　F.粉色　　　　　G.其他颜色

6.您手机的价格是（　　　）。

A.1 000元以下　　　　　　　　　　B.1 000～2 000元

C.2 000～3 000元　　　　　　　　　D.3 000元以上

7.您在（　　　）情况下会更换手机。

A.原有手机丢失或损坏时　　　　　　B.有降价或促销活动时

C.新手机上市时　　　　　　　　　　D.原有手机运行卡顿时

8.您使用一款手机的时间最长是（　　　）。

A.半年至一年　　　B.一年至两年　　　C.两年到三年　　　D.三年以上

9.您获取有关手机的信息渠道有（　　　）。

A.电视广告　　　　　B.导购员介绍　　　　　　　　　C.购物网站

D.自己用过　　　　　E.同学或亲朋好友介绍　　　　　F.其他

10.您（　　　）优先购买明星代言的品牌手机。

A.会　　　　　　　　　B.不会

11.如果您现在要购买一部手机，那么可以接受的价格是（　　　）。

A.1 000元以下　　　　　　　　　　B.1 000～2 000元

C.2 000～3 000元　　　　　　　　　D.3 000元以上

12.您一般选择（　　）手机。

A.在学校附近的手机店购买　　　　B.在淘宝网上购买

C.在京东商城购买　　　　　　　　D.在市中心的手机专卖店购买

E.在市中心的电器商城购买　　　　F.家长代购

G.其他途径购买

13.您在钱不够的情况下想购买一部手机，（　　）考虑分期付款。

A.会　　　　　　　　　　　　　　B.不会

14.如果购买手机，您主要考虑的因素包括（　　）。（请按重要性程度排序，最重要的因素排在最前面）

A.价格　　　　　　B.外形　　　　　　C.品牌

D.拍照效果　　　　E.运行速度　　　　F.待机时间

G.通话质量　　　　H.耐摔程度

15.您的手机主要是用于（　　），其次是（　　），再次是（　　）。（单选）

A.打电话　　　　　B.玩游戏　　　　C.微信或QQ聊天　　　D.购物

E.看视频　　　　　F.听音乐　　　　G.看小说　　　　　　H.其他

16.您每天在网上浏览的时间大概有（　　）。

A.4小时以内　　　B.4~8小时　　　C.8~12小时

D.12~16小时　　　E.16小时以上

17.您对于未来的手机有哪些期待？

您的宝贵意见：

再次感谢您的合作！祝身体健康，生活愉快！

职场对接

张磊进入公司没多久，公司经理安排张磊对乳饮料进行相关调查。请你帮张磊想一想，他该如何完成经理安排的工作呢？

知识回顾

1.单项选择题

（1）（　　）是指企业运用科学的方法，有目的、有计划地收集、整理和分析与市场营销有关的信息，提出调查报告，为企业的经营决策服务的活动。

A.市场调查　　　　B.市场预测　　　　C.市场细分　　　　D.市场定位

（2）（　　）的调查主要是了解对市场产生影响和制约作用的国内外政策、方针和法律法规等。

A.人口环境　　　　B.经济环境　　　　C.政治法律环境　　　D.自然环境

（3）调查人员亲自将调查问卷交到调查对象手中，告知其调查要求和意图，由调查对象配合填写，调查人员在约定之日上门回收调查问卷的方法是（　　）。

A.面谈访问　　　　　B.电话访问　　　　　C.网络问卷　　　　　D.留置问卷

（4）调查人员借助网站或电子邮件将调查问卷发送给调查对象，调查对象在网上填写后提交的调查方法是（　　）。

A.面谈访问　　　　　B.电话访问　　　　　C.网络问卷　　　　　D.留置问卷

（5）（　　）的好处是答案非常明确，有利于收集整理资料，但其不利于表明调查对象意见的差别程度。

A.选择题　　　　　B.顺位题　　　　　C.问答题　　　　　D.判断题

（6）调查者不给出任何备选答案，由调查对象根据自己的切实想法给予回答的题型是（　　）。

A.选择题　　　　　B.顺位题　　　　　C.问答题　　　　　D.判断题

（7）观察法属于（　　）调查法。

A.间接　　　　　B.直接　　　　　C.横向　　　　　D.纵向

（8）整个调查问卷最重要、最基本的部分是（　　）。

A.调查的具体项目　　　　　　　　　B.调查对象的基本情况
C.调查问卷的补充说明　　　　　　　D.调查问卷的感谢语

2.多项选择题

（1）不属于宏观营销环境调查的有（　　）。

A.企业产品状况调查　　　　　　　　B.经济环境调查
C.科学技术环境调查　　　　　　　　D.市场竞争状况调查

（2）间接调查法分为（　　）。

A.索取法　　　　　B.收听法　　　　　C.咨询法　　　　　D.查找法

（3）市场调查按照调查目的可以分为（　　）。

A.探索性调查　　　　B.描述性调查　　　　C.因果性调查　　　　D.实验调查

3.判断题

（1）市场调查的内容比较广泛，企业所面临的问题不同，调查的范围也有所不同。　　　　　　　　　　　　　　　　　　　　　　　　　　　　　　　（　　）

（2）人口环境调查属于微观营销环境调查。　　　　　　　　　　　　　　（　　）

（3）产品调查的内容主要包括顾客的年龄、性别、民族、职业、受教育程度等。　　　　　　　　　　　　　　　　　　　　　　　　　　　　　　　　　（　　）

（4）观察法主要用于对宏观环境的调查。　　　　　　　　　　　　　　　（　　）

（5）实验法是指调查者通过实验室实验调查或现场试验调查两种形式获取信息资料，这种方法主要是通过实验对比得出结论。　　　　　　　　　　　　　　（　　）

（6）面谈访问就是指调查人员通过电话向调查对象询问相关信息的市场营销调查方法。　　　　　　　　　　　　　　　　　　　　　　　　　　　　　　　（　　）

（7）调查资料的来源一般有两种：原始资料和现成资料。　　　　　　　　（　　）

项目实训

◆ **训练目标**

1.巩固所学的市场调查知识，培养学生设计调查问卷的能力。

2.锻炼学生的胆量，培养学生与他人沟通的能力。

◆ **训练内容**

学生通过收集二手资料了解当地红色旅游资源。

学生选择某一旅游地，了解其旅游资源，进行描述性调查，设计旅游目的地调查问卷。

3.学生用调查问卷开展问卷调查，并做好资料的整理和汇总工作，最终形成一份调查报告。

◆ **训练方法**

直接调查法和间接调查法。

◆ **训练建议**

1.调查问卷所提的问题要紧紧围绕主题，题目数量以10~15道题。针对调查对象的基本情况提出的问题不超过4道题。

2.开放式的问答题应控制在2道题以内。

3.全班学生按每5人一组，每组设计一份调查问卷。

4.每组进行问卷调查后，整理调查结果，并撰写一份调查报告。

5.教师组织学生对本次调查结果进行课堂交流与讨论。先由小组组长总结发言，再让学生自由提问和讨论，最后教师对各个小组的表现进行点评。

◆ **考核与评价**

1.根据学生设计的调查问卷的内容和调查报告进行评分。

2.考核与评价采取学生和老师共同评价的方式进行。

评价考核标准见表2-1。

表2-1   **评价考核标准表**

评价考核标准	分值
调查问卷设计完整	20
调查问卷所提问题紧扣主题，内容能引起调查对象的兴趣	20
调查问卷题目数量符合要求、题型丰富	20
调查结果统计准确，并据此对旅游地提出建设性意见	20
调查报告条理清晰、措辞准确	20
合　计	100

分析市场营销环境

学习目标

知识目标

1. 了解市场营销环境的概念和特点。
2. 理解微观环境对市场营销的影响。
3. 理解宏观环境对市场营销的影响。
4. 掌握市场营销环境的分析方法。

技能目标

1. 具备识别各种环境所带来的威胁和机会的能力。
2. 能够分析不同市场营销环境及其发展趋势。

思政目标

1. 培养学生诚实守信的职业道德、遵纪守法的职业素养。
2. 营商环境是衡量一个国家或地区国际竞争力的重要指标。引导学生争做打造一流营商环境的推动者、贡献者。

引导案例

生活用纸行业从2014年开始由高速增长变成缓慢增长。2015年，两件事情让生活用纸行业荡起了涟漪：一是竹纤维本色纸；二是微商和拼多多。凭借产品创新和渠道创新，本色纸通过微商得到了快速增长。然而生活用纸的消费量是不会发生变化的，2018年本色纸和白色纸销售呈现滞涨的态势。

有着"纸巾大王"之称的维达，连续几年霸占了天猫"双11"个护家洁类榜单第一名，2018年也不例外。据了解，维达通过联合天猫、大润发等大型商超平台，建立新零售快闪店，以纸巾产品体验为核心，如纸巾婚纱、纸巾拓印等，通过智能互动屏、VR等玩法打通线上线下消费体验，吸引了不少家庭前来体验。

请思考：

1. 纸业公司面临哪些市场营销环境因素？
2. 纸业公司具体有哪些环境机会和威胁？可以采取怎样的应对措施？

任务一 认识市场营销环境

一、市场营销环境的概念

市场营销环境是指影响企业市场营销活动的所有外部力量和相关因素的总和。它是影响企业生存和发展的各种外部条件。市场营销环境的构成如图3-1所示。

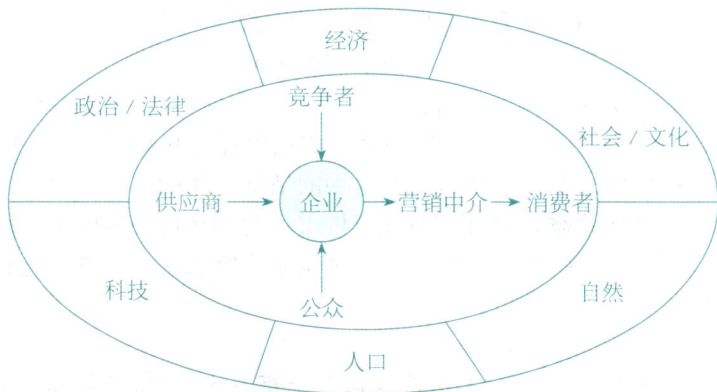

图3-1 市场营销环境构成图

二、市场营销环境的特点

1.客观性

市场营销环境不以某个营销组织或个人的意志为转移，它有自己的运行规律和发展特点。企业的营销活动应该主动适应和利用客观环境。

2.动态性

社会经济、科技的迅猛发展，使企业的营销环境处于不断变化之中，这就使得市场营销环境显示出动态性的特点。企业要根据环境的变化，相应调整自己的营销策略。

3.相关性

市场营销环境各因素之间是相互依存、相互作用和相互制约的。某一因素的变化会带动其他相关因素的变化，从而形成新的营销环境。例如，企业开发新产品时，不仅要受到经济因素的影响和制约，还要受到社会文化因素的影响和制约。

4.不可控性

营销环境因素对于企业来说具有不可控性。对于一个国家的政治制度和法律制度、人口增长率以及文化习俗等，企业不可能随意改变。这种不可控性在不同企业中的表现形式也不一样。有的因素对于某些企业来说是可控的，而对另一些企业则可能是不可控的；有的因素在今天是可控的，而到了明天则可能变为不可控。

三、分析市场营销环境的意义

1.通过分析市场营销环境,能够把握环境变化的趋势,及时制定营销对策

企业的生存和发展受到外界环境的影响和制约。企业只有充分了解环境的变化,才能够及时调整营销策略,制定出切实可行的、科学的营销战略。

2.通过分析市场营销环境,能够更好地满足消费和引导消费

企业生产的最终目的,是为社会提供所需要的各种商品,满足社会的需求。企业只有在了解营销环境变化的基础上,不断了解顾客需求,生产适销对路的产品,才能满足顾客需求,实现企业生产的目的。

3.通过分析市场营销环境,能够提高企业的竞争能力和规避风险的能力

只有了解营销环境的变化,掌握竞争对手的情况,才能更好地设计本企业的营销策略,取得更大的经济效益。同时,通过分析市场营销环境,及时发现现实的、潜在的、对企业发展不利的一些特征和变化,通过企业预警系统,科学地选择规避和降低风险的方法和措施。

案例拓展3-1

从2019年1月1日起,《中华人民共和国电子商务法》(以下简称《电商法》)正式实施。《电商法》明确了利用微信朋友圈、网络直播等方式从事商品、服务经营活动的自然人也是电子商务经营者,从事个人代购、微商也必须依法办理工商登记取得相关行政许可,依法纳税。其中,个人网店、微商、直播营销、刷好评、大数据杀熟、征税等成为此次立法的亮点。

国家统计局2018年2月发布的《2017年国民经济和社会发展统计公报》显示,2017年我国网上零售额已达71 751亿元,比上年增长32.2%,其中网上商品零售额54 806亿元,增长28.0%,占社会消费品零售总额的比重为15.0%。

"国家促进跨境电商发展,将建立健全适应跨境电商特点的海关、税收、进出境检验检疫、支付结算等管理制度。"消息一出,个人海外代购圈"炸了",怕"被税"、怕触犯法律禁区,部分代购声称就要"金盆洗手",这也导致部分依赖海外代购的市民开始疯狂囤货。

想一想

《电商法》《网络交易监督管理办法》等法律法规的实施会给电子商务经营者带来哪些影响?电子商务经营者如何应对?

任务二　分析市场营销宏观环境

市场营销宏观环境是指间接影响企业营销活动的各种社会力量，包括人口环境、政治与法律环境、经济环境、自然环境、社会文化环境、科技环境等。

一、人口环境

市场是由人构成的，因此，人口的多少直接决定市场的潜在容量。人口的数量、年龄结构、地理分布、密度、流动性及文化程度等，都会对市场产生较大的影响。

（一）人口数量与增长速度对企业市场营销的影响

1.人口数量决定了市场的规模和潜在容量

人口越多，在收入水平不变的情况下，基本生活用品（如食物、衣着、日用品）需求量也越大，市场也就越大。因此，按人口数量可大致推算出市场规模。我国人口众多，所以中国市场是一个庞大的市场。

2.人口增长促进了市场规模扩大

2021年5月11日，中国第七次人口普查结果显示，我国2020年人口总量为14.1178亿人，较2010年增加了7 206万人，年平均增长率0.53%。

总体来看，我国人口发展呈现出以下特点：人口总量增速放缓；人口素质不断提升；少儿人口数量增加，比重上升；人口流动依然活跃，长三角、珠三角、成渝城市群等主要城市的人口增加迅速，集聚度加大；人口的城镇化率进一步提高；人口老龄化进程加快。

庞大的人口数量及人口的进一步增长，给企业带来了市场机会。人口增长，其消费需求也会迅速增加，说明市场的潜力也就越大。人口的增长促进了市场规模的持续扩大。但是，人口的迅速增长也会给企业营销带来不利影响。比如，人口增长可能导致人均社会资源减少、能源成本提高，限制国家经济发展，从而使市场吸引力降低；房屋紧张会引起房价上涨，从而增加消费者购房成本。

案例拓展3-2

日本尼西公司原来是一个仅有30多人的生产雨衣的小公司，因产品滞销，公司准备转产。有一次，公司董事长多川博偶尔看到一份人口普查资料，得知日本每年出生婴儿250万。他想，每个婴儿1年用2条尿布，1年就需要500万条，如果再销往国外，市场就更加广阔。于是他果断决策：转产尿布。

结果，几年工夫，该公司生产的尿布就占领了日本市场，并占世界销售总量的30%。多川博由此成为世界著名的"尿布大王"。

（二）人口结构对企业营销的影响

人口结构主要包括人口的年龄结构、家庭结构、社会结构等。

1.年龄结构

不同年龄的消费者对商品的需求是不一样的。根据联合国的标准，如果一个国家

60岁以上的老年人口达到人口总数的10%或者65岁以上的老年人口占人口总数的7%以上，那么这个国家就属于人口老龄化国家。按照这个标准，我国已经进入了人口老龄化阶段。社会用于老年人的支出，如社会保险费用、医疗卫生费用和退休养老金会大量增加。在需求上，他们对商品及各种社会服务等均有特殊的需求。

想一想

我国人口老龄化会带动哪些市场的兴起？

2.家庭结构

目前，世界各地普遍呈现家庭规模缩小的趋势。随着独生子女增多，家庭结构呈现小型化趋势。家庭数量的剧增必然会引起对炊具、家具、家用电器和住房等需求的迅速增长。独生子女的增多使得儿童市场产品呈现差异化，产品价格呈现不断上涨的趋势。

3.社会结构

改革开放以后，中国整体社会结构发生了显著变化，尽管中下层群体所占比例仍较大，但中产阶层所占比例明显上升却是事实。城乡人口结构变化促使居民生产方式、生活方式发生巨大变迁，随之引发职业结构发生较大变化。

根据国家统计局统计，2021年末，我国农村常住人口为49 835万人。因此，农村是个广阔的市场，有着巨大的潜力。企业应注意开发价廉物美的商品以满足农村市场的需要。

（三）人口的地理分布及人口流动对企业营销的影响

人口的地理分布是指人口在不同地区的密集程度。我国人口的地理分布主要表现为人口的集中程度不同和市场的大小不同。东部人口集中、西部人口相对分散，沿海城市人口密度较高、内陆地区人口密度较低。人口分布的差异必然导致市场机会和市场开拓难易程度不同。

在我国，人口流动主要表现为农村人口向城市或工矿区流动，内陆地区人口向沿海经济开放区流动。另外，经商、观光旅游、学习等促使人口流动加速。对于人口流入较多的地方而言，劳动力增加了；同时，人口增多对基本生活用品有更多的需求，消费结构也会相应地发生变化。这些都将给企业创造更多的市场营销机会。

二、政治与法律环境

市场营销决策在很大程度上受政治与法律环境的影响。它包括一个国家的方针政策、政治制度、立法、执法情况。政治因素是"一只有形之手"，调节着企业营销活动的方向，法律则规定了企业商务活动的行为准则。政治与法律相互联系，共同对企业的市场营销活动发挥影响。

（一）政治局势

一个国家的政治局势稳定是企业开展市场营销活动最基本的要求。如果政治局势稳定、人民安居乐业，企业就有稳定的市场营销环境，就能制定持续的市场营销战略，系统地开展市场营销活动。相反，如果政局不稳定、社会秩序混乱，就会影响经济发展和人民群众的购买力，市场也就不稳定，企业也难以开展营销活动。

（二）方针和政策

各个国家根据本国经济发展的现状，制定经济发展规划，颁布经济政策。这些方针和政策会对企业的营销活动产生影响。这些政策会影响市场需求，改变资源的供给，扶持和促进某些行业的发展，又限制另一些行业和产品的发展。企业必须贯彻执行国家的政策，在政策范围内开展经营活动。例如，2021年7月，中共中央办公厅、国务院办公厅印发《关于进一步减轻义务教育阶段学生作业负担和校外培训负担的意见》。该政策明确提出"双减"工作目标：学生过重作业负担和校外培训负担、家庭教育支出和家长相应精力负担1年内有效减轻、3年内成效显著，人民群众教育满意度明显提升。"双减"政策落地后，教育培训机构纷纷转型就说明了这一点。

（三）法律法规

法律法规是企业营销活动的准则，企业只有依法进行的营销活动，才能受到国家法律的保护。例如，美国的《反垄断法》曾经让微软不停地接受调查；德国以噪声标准为由，将英国的割草机逐出德国市场；加拿大的产品标识要求用英、法两种文字；法国的产品就只要求用法文标识。

案例拓展3-3

上海市税务局第四稽查局根据税收监管中的线索，经税收大数据进一步分析，发现邓伦涉嫌偷逃税款。

经查，邓伦在2019年至2020年期间，通过虚构业务转换收入性质进行虚假申报，偷逃个人所得税4765.82万元，其他少缴个人所得税1399.32万元。在税务检查过程中，邓伦能够积极配合检查并主动补缴税款4455.03万元，同时主动报告税务机关尚未掌握的涉税违法行为。综合考虑上述情况，上海市税务局第四稽查局依据相关法律法规规定，按照上海市税务行政处罚裁量基准，对邓伦追缴税款、加收滞纳金并处罚款，共计1.06亿元。

一段时间以来，多名具有公共影响力的演艺明星、网络主播，均因涉嫌偷逃税，被依法严查严惩，释放出有法必依、严格执法的鲜明信号。值得注意的是，由于邓伦被提醒督促后仍整改不彻底，有关部门才依法立案并开展全面深入的税务检查。主动纠错，可能从轻；未能纠错，难免从重。执法监督，有"刚性"也不乏"柔性"，提醒督促就是改错机会，倘若执迷不悟，只会等来法律亮剑，无疑是自断出路。

资料来源　王雨萧，桑彤. 严打演艺圈偷逃税！演员邓伦偷逃税被处罚［EB/OL］.［2022-03-20］. http://www.news.cn/2022-03-15/c_1128472700.htm.

三、经济环境

（一）经济发展水平

企业的市场营销活动要受到一个国家或地区的整体经济发展水平的制约。经济发展阶段不同，居民的收入不同，顾客对产品的需求也不一样。就消费品市场来说，经济发展水平比较高的地区，强调产品款式、性能及特色，品质竞争多于价格竞争；在经济发展水平比较低的地区，则侧重于产品的功能及实用性，价格因素比产品品质更为重要。

国内生产总值是衡量一个国家经济实力与购买力的重要指标。从国内生产总值的增长幅度，可以了解一个国家经济发展的状况和速度。一般来说，工业品的营销与这个指标有关，而消费品的营销则与此关系不大。国内生产总值增长越快，对工业品的需求就越大，对应购买力就越强，反之就越小。

（二）消费者收入水平

在分析消费者收入时，应区分以下概念：

（1）个人收入。这是指消费者个人从各种来源中所得的全部收入，包括消费者个人的工资、退休金、红利、租金、赠予等收入。

（2）个人可支配收入。这是在个人收入中扣除税款和非税性负担后所剩的余额，它是个人收入中可以用于消费支出或储蓄的部分，构成实际的购买力。

（3）个人可任意支配收入。这是在个人可支配收入中减去用于维持个人与家庭生存不可缺少的费用（如房租、水电、食物、燃料、衣着等项开支）后剩余的部分。这部分收入是消费需求变化中最活跃的因素，是企业营销活动重点关注的部分。因为这部分收入主要用于满足人们基本生活需要之外的开支，比如购买高档耐用的消费品、旅游产品、娱乐或储蓄等，它影响非生活必需品和劳务的消费。

（三）消费支出模式和消费结构

随着消费者收入的变化，消费支出模式会发生相应变化，继而使一个国家或地区的消费结构也发生变化。消费结构是指消费过程中人们所消耗的各种消费资料（包括劳务）的构成，即各种消费支出占总支出的比例关系。人们常用德国统计学家恩格尔在19世纪中期提出来的恩格尔系数反映这种变化。

恩格尔系数=食物支出总额÷家庭消费支出总额×100%

恩格尔系数表明，随着家庭收入增加，收入中用于食物开支部分的增长速度要小于用于教育、医疗、享受等方面的开支增长速度。食物支出占总消费支出的比重越大，恩格尔系数越高，生活水平越低；反之，食物支出所占比重越小，恩格尔系数越低，生活水平越高。2021年国民经济和社会发展统计公报显示，全国居民恩格尔系数为29.8%，其中城镇为28.6%，农村为32.7%。全国居民人均消费支出及其构成如图3-2所示。

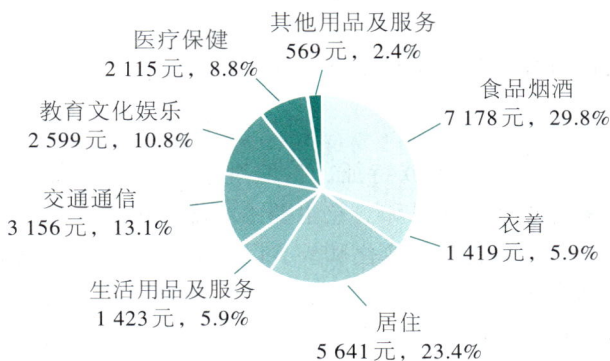

医疗保健
2 115元，8.8%

其他用品及服务
569元，2.4%

食品烟酒
7 178元，29.8%

教育文化娱乐
2 599元，10.8%

交通通信
3 156元，13.1%

衣着
1 419元，5.9%

生活用品及服务
1 423元，5.9%

居住
5 641元，23.4%

图3-2　2021年全国居民人均消费支出及其构成示意图

（四）消费者储蓄和信贷情况

消费者的购买力还要受储蓄和信贷的直接影响。消费者的收入不可能全部花掉，总有一部分以各种形式储存起来，这是一种推迟了的、潜在的购买力。当收入一定时，储蓄越多，现实消费量就越小，但潜在消费量会越大；反之，储蓄越少，现实消费量就越大，但潜在消费量会越小。企业营销人员应当全面了解消费者的储蓄情况，尤其是储蓄的目的。储蓄目的会影响潜在的需求量、消费内容、消费发展方向。

我国居民储蓄额和储蓄率均较高。有调查显示，居民储蓄的目的主要是购房、购车，以及子女教育和婚丧嫁娶。

消费者信贷对购买力的影响也很大。消费者信贷是消费者凭信用先取得商品使用权，然后按期归还贷款。这实际上就是消费者提前支取未来的收入，提前消费。信贷消费允许人们购买超过自己现实购买力的商品，从而创造了更多的需求。

四、自然环境

一个国家、一个地区的自然环境包括该地的自然资源、地形地貌和气候条件，这些因素都会不同程度地影响企业的营销活动。营销人员应该注意到自然环境变化的几个趋势：

（1）自然资源短缺的影响。如煤、石油等矿产资源日益枯竭。

（2）环境污染加重。如空气、水源、土壤的污染程度有加深倾向等。

（3）新能源的开发。如开发新的替代能源，使用太阳能、风能、核能。

（4）政府对自然资源管理的干预增强。如中国政府提出了发展循环经济、低碳经济、坚持可持续发展理念等。

想一想

在2019年中国北京世界园艺博览会开幕式上，习近平主席发表重要讲话。习近平主席提出了五个"追求"：我们应该追求人与自然和谐；我们应该追求绿色发展繁荣；我们应该追求热爱自然情怀；我们应该追求科学治理精神；我们应该追求携手合作应对。

近些年来，我国的自然环境出现了哪些变化？

五、社会文化环境

社会文化是指一个社会的民族特征、价值观念、生活方式、风俗习惯、伦理道德、受教育水平、语言文字等的总和。它主要由两部分组成：一是全体社会成员所共有的基本核心文化；二是随着时间变化和外界因素的影响而容易改变的社会次文化或亚文化。社会文化因素通过影响消费者的思想和行为来影响企业的市场营销活动。因此，企业在从事市场营销活动时，应重视对社会文化的调查研究，并进行适宜的营销决策。

（一）价值观念

价值观念是人们对社会生活中各种事物的态度、评价和看法。消费者对商品的需求和购买行为深受其价值观念的影响。如东方国家和西方国家的国民在价值观念上存在较大的差别：前者重人情、求同步，消费偏于大众化，求稳怕变，而后者注重个体和个人的创造精神。相应地，营销方式和营销内容会有较大的差别。

（二）宗教信仰

不同的宗教信仰会带来不同的文化倾向和行为规范，从而影响人们对待事物的方式、价值观念和行为准则，进一步影响人们的消费行为。企业应充分了解不同地区、不同民族、不同消费者的宗教信仰，制定适合其特点的营销策略；如果触犯宗教禁忌，企业则有可能失去市场机会。

（三）审美观

审美观通常指人们对事物的美的欣赏和评价。企业在产品设计、包装设计、商品橱窗展示、网店运营等营销活动中，要充分考虑产品色彩搭配、空间布局的美感，以美的商品吸引消费者，满足消费者对美好事物的需求。

（四）风俗习惯

风俗习惯是世代相袭固化而成的一种风尚。企业营销人员应了解和注意不同国家、民族的消费习惯和爱好，做到"入乡随俗"。如在我国，红色代表红红火火，有吉利的寓意；人们通常不喜欢数字"4"，而喜欢数字"8""6"。在西方，人们不喜欢数字"13"。因此，企业的营销人员应考虑不同国家和地区人们的传统喜好和禁忌，以免给企业的营销带来阻碍。

（五）受教育水平

受教育水平是指消费者接受教育的程度。不同文化程度的消费者在购买商品时选择方式是不同的。一般来讲，文化水平高的消费者对商品的鉴别力强，容易接受广告宣传和新产品，购买行为较为理性。因此，受教育水平高低影响消费者心理、消费结构，也影响企业营销策略的选择，进而导致销售及推广方式产生差异。

六、科技环境

现代科学技术是非常重要的市场营销环境因素，不仅直接影响企业内部的生产和经营，还与其他环境因素相互依赖、相互作用。

科技发展造就一些新的行业、新的市场，同时又使一些旧的行业与市场走向衰落；科技发展使产品更新换代的速度加快，产品的市场寿命缩短；科技发展使人们的生活方式、消费模式和消费需求结构发生深刻变化，为提高营销效率提供了更新、更好的技术条件。例如，互联网克服了营销过程中时空的局限，可以通过其交互性了解不同顾客的特殊需求，有针对性地提供产品和服务。

想一想

新冠肺炎疫情给世界经济和全球治理带来严重冲击，如何在疫情形势下实现全球经济稳定复苏，是各方面临的共同课题。与此同时，疫情吞噬了过去10年的全球减贫成果，人类发展指数30年来首次下降，发展中国家遭受重创，一些发展中国家因疫返贫、因疫生乱，落实联合国2030年可持续发展议程面临前所未有的挑战。

中国提出，各国要坚持真正的多边主义，坚持开放而不隔绝，融合而不脱钩，推动构建开放型世界经济；要以公平正义为理念引领全球治理体系改革，为科技创新营造开放、公正、非歧视的有利环境，推动经济全球化朝着更加开放、包容、普惠、平衡、共赢的方向发展，让世界经济活力充分迸发出来；要坚持以人民为中心的发展思想，把促进发展、保障民生置于全球宏观政策的突出位置；要促进现有发展合作机制协同增效，推动全球均衡发展。

中国为推动全球经济稳定复苏贡献了哪些力量？

任务三　分析市场营销微观环境

与宏观环境因素相比，微观环境对企业营销活动的影响往往更直接、更具体，企业具有一定的可控性。微观环境会直接影响企业的营销方式、营销策略和营销效果。企业的微观环境由企业的供应商、企业本身、营销中介、顾客、竞争者和公众构成。

一、供应商

供应商是向企业提供各种资源的企业和个人，其主要提供原材料、设备、能源、劳务、资金等。供应商提供的资源的价格和供应量，直接影响着企业产品的价格、销量和利润。企业在选择供应商时需要注意以下三个方面。

（一）谨慎选择供应商

企业应在全面了解供应商的实力、信誉和供货资源的质量后，谨慎选择综合实力强、企业信誉好、产品质量好、价格合理、交货及时、在质量和效率上都信得过的供应商。

（二）区别对待供应商

企业应根据不同供应商在资源供应中的地位和作用不同予以区别对待，把那些为企业提供必需资源的少数重点供应商视为合作伙伴，建立长期稳定的合作关系。

（三）选择适当数量的供应商

企业需要使自己的供应商多样化，拓宽供货渠道，按不同比例分别从不同供应商那里进货，让其形成竞争。这样可以避免过分依赖某一供应商而造成不应有的损失。

二、企业本身

企业本身包括市场营销管理部门、其他职能部门和最高管理层。

为协调好与其他部门的关系，营销部门需要做好以下工作：（1）主动争取企业内部各部门的支持。营销要靠企业各部门的通力合作才能在竞争中取得良好的效果。因此，营销部门需要协调内部的各种关系，争取企业内部各部门的支持。（2）加强与企业内部相关部门的沟通。企业营销人员要经常将收集到的各种市场信息传达给有关部门，使其了解市场情况，改进工作。

案例拓展3-4

挪威人特别爱吃沙丁鱼。渔民在海上捕到沙丁鱼后，如果能让其活着抵港，卖价就会比死鱼高好几倍。

沙丁鱼生性喜欢安静、平稳的生活环境，对所处的危险没有警惕性，易于捕捞。但是，由于捕捞后返航的路途很长也很颠簸，大部分沙丁鱼在返航途中就死了，剩下那些活的，也是奄奄一息。然而，有一位渔民运送到码头的沙丁鱼几乎都是活的，所以他赚的钱就比别人多。不管旁人如何探听，该渔民都严守秘密。直到他死后，人们打开他的鱼槽，才发现里面不过是多了一条鲶鱼。原来鲶鱼以其他鱼类为主要食物，被装入鱼槽后，由于环境陌生，鲶鱼就会四处游动，而沙丁鱼发现这一情况后，也会紧张起来，加速游动，如此一来，沙丁鱼便活着回到港口。这就是所谓的"鲶鱼效应"。

渔民采用鲶鱼来作为刺激手段，促使沙丁鱼不断游动，来保证沙丁鱼存活，以此来获得最大利益。在市场竞争中，管理者要实现企业的经营目标，同样需要引入鲶鱼型人才，以此来改变企业缺乏生机与活力的状况。

资料来源　罗洪程. 试析鲶鱼效应及其在领导艺术中的运用［J］. 黑河学刊，2003（2）.

三、营销中介

营销中介是指为企业营销活动提供各种服务的企业或部门的总称，包括中间商、实体分配机构、营销服务机构（调查公司、广告公司、咨询公司等）、金融中介（银行、信托公司、保险公司等）。这些都是市场营销中不可缺少的中间环节，大多数企业的营销活动都需要有它们的协助才能顺利进行。比如生产集中和消费者分散的问题，需要通过中间商的分销来解决；资金周转不灵，则要求助于银行或信托公司等。随着商品经济的发展，社会分工越来越细，这些中介机构发挥的作用就越来越大，因而企业在营销过程中必须处理好同这些中介机构的合作关系。

四、顾客

顾客是企业营销活动的起点，也是营销活动的对象和终点。企业需要从以下方面识别自己的顾客：（1）明确自己的目标顾客和优质顾客。目标顾客是指产品预先定位的群体。优质顾客是指能给自己带来较大收益的目标顾客。（2）明确自己产品的潜在顾客。潜在顾客是指对自己的商品有需求，但由于各种原因目前不会购买，以后有可能会购买的各类群体。

五、竞争者

竞争者（竞争对手）的状况将直接影响企业的营销活动。因此，企业必须清楚地了解竞争对手的情况，才能制定出相应的营销策略。企业在分析竞争者时，首先要正确看待竞争者，其次要能认识竞争者，了解竞争者的策略。

（一）谁是企业的竞争者

从购买者的角度划分，企业的竞争者包括愿望竞争者、平行竞争者、产品形式竞争者和品牌竞争者。

愿望竞争者是指提供不同产品以满足不同需求的竞争者。假如你是电视机制造商，那么生产电冰箱、洗衣机、地毯等不同产品的厂家就是愿望竞争者。

平行竞争者是指提供能够满足同一种需求的不同产品的竞争者。康师傅一直关注竞争者统一公司，然而美团等电商平台提供的外卖服务却不断蚕食方便面市场。

产品形式竞争者是指生产同种产品，但提供不同规格、型号、款式的竞争者。

品牌竞争者是指产品的规格、型号等相同，但品牌不同的竞争者。例如，华为、苹果、小米等品牌都生产类似规格的手机，却是不同的品牌。

（二）竞争者的战略

竞争者的战略主要有四种类型：总成本领先战略、技术领先战略、差异化战略、集中战略。最直接的竞争者是那些在相同的目标市场上实施相同战略的竞争者。

（三）竞争者的目标、财务能力、生产能力和销售能力

竞争者的目标不同、能力不同，对企业的发展也会有不同的影响。

案例拓展3-5

林肯作为美国总统，他对政敌的态度引起了一位官员的不满。他批评林肯不应该试图跟那些人做朋友，而应该消灭他们。"当他们变成我的朋友时，"林肯十分温和地说，"难道我不是在消灭我的敌人吗？"

在生活中，朋友和敌人是相对的，如果一个敌人变成了朋友，不正是少了一个敌人吗？在销售市场上，竞争对手是相对的，如果相互之间通过联盟共同开拓市场，对于企业来说不但节省了大量的销售成本，而且市场空间会更广阔。

六、公众

公众是指对企业营销活动有实际或潜在影响的团体。它包括媒介公众（报社、杂志社、广播电台和电视台，以及新媒体平台等）、政府公众（有关政府部门）、群众团体（消费者组织、环境保护组织及其他群众团体）、当地公众（企业所在地附近的居民和社区组织）、内部公众（企业内部的公众，包括董事会、经理、白领员工、蓝领工人等）。

任务四　掌握市场营销环境的SWOT分析法

市场营销环境的变化，既可以给企业带来市场机会，也可能对企业构成威胁。企业必须对环境进行持续分析，把握优势和劣势，不断修正营销策略，才能做到趋利避害。

分析市场营销环境时常常使用SWOT分析法，即态势分析，它是英文Strength（优势）、Weakness（劣势）、Opportunity（机会）、Threaten（威胁）的简称。运用SWOT分析法对企业所处的环境进行全面、系统、准确的分析研究之后，可以制订相应的发展计划、策略及战略。SWOT分析法常常用来分析竞争对手的情况。

一、SWOT分析的内容

企业的优势和劣势，指的是企业的竞争能力，是相对于竞争者而言的。

企业的机会和威胁，指的是无法控制的外部因素。

（一）"S"——优势

优势，是指一个企业所拥有的超越竞争对手的实力或者优于竞争对手的资源。企业内部优势主要有技术优势、组织领导优势、企业文化优势、人力资源优势等。企业要注意保持现有优势并且开发新的优势。

（二）"W"——劣势

劣势，是企业经营管理中逊于竞争者的因素，例如企业人力资源的流失、技术设备的老化、研发能力的不足等。这些劣势很大程度上制约了企业的发展，企业必须具备洞察劣势的能力和壮士断腕的决心，及时加以改进，逐渐消除其不良影响，甚至将其转化为优势。

（三）"O"——机会

机会，是有助于企业发展的外部因素。环境机会就是对企业发展富有吸引力的领域，在这一领域中，该企业将拥有竞争优势。成功的营销要求企业不断发现、开发市场机会并从中受益。

（四）"T"——威胁

威胁，是不利于企业营销活动的各种因素的总和。企业面对环境威胁，如果不果断地采取营销措施，避免威胁，这种不利因素将导致企业处于不利竞争地位，使企业陷入困境。不利因素包括竞争对手的竞争力提高、市场需求量减少、金融危机等。企业管理者要未雨绸缪，及时采取措施化不利为有利。

二、SWOT模型分析

SWOT模型分析如图3-3所示。

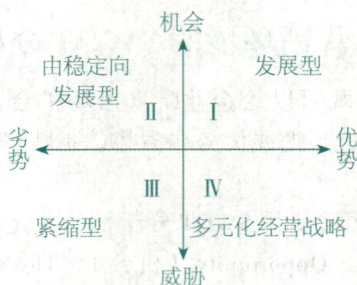

图3-3　SWOT模型分析

SWOT分析法对企业制定营销决策具有重要意义。通过SWOT分析，企业可以扬长避短，明确自身的优势所在，并将优势转化为企业竞争力，改进或回避企业存在的劣势；同时把握好有利于自身生存和发展的机会，充分考虑外部环境中存在的风险，避开可能存在的威胁。

在具体应用SWOT分析法时，先罗列出对企业有重大影响的环境因素，分析判定这些环境因素是优势、劣势还是机会、威胁，从而确定该企业应该采取何种类型的战略。

图3-3中，处于第Ⅰ象限的企业，实力雄厚，面临的市场环境比较优越，有利于企业发展。在这种情况下，企业必须保持住自身优势，努力把握机会，实现利益最大化。

处于第Ⅱ象限的企业，企业自身存在不足，容易导致企业竞争力下降。但面临的市场机会较好，正是企业利用机会去弥补劣势、达到目标的良好机会。企业要用敏锐的眼光寻找机会，抢占先机，达到抢占市场空隙的目的。

处于第Ⅲ象限的企业，外部有威胁，自身状况也不佳，应设法避开威胁，消除劣势，保持谨慎的态度寻找新的发力点。

处于第Ⅳ象限的企业，拥有内部优势，外部有威胁。企业应发挥其优势，扬长避短，可以采取多元化的经营战略分散风险。

职场对接

张磊到公司一段时间后，公司经理问了张磊几个问题：对公司、对乳饮料有哪些了解？市场行情如何？公司有没有新的机会？面临什么新的威胁？你能帮张磊分析一下吗？

知识回顾

1.单项选择题

（1）消费者需求变化中最活跃的因素是（　　　）。

A.个人收入　　　　　　　　　　　　　　B.个人可任意支配收入

C.个人可支配收入 　　　　　　　　　　D.个人贷款

（2）随着我国经济的发展和人民收入的提高，我国居民恩格尔系数将（　　　）。

A.变小 　　　　　　　　　　　　　　　B.增大

C.不变 　　　　　　　　　　　　　　　D.上下波动

（3）（　　　）因素是企业的微观环境因素。

A.人口 　　　　　　　　　　　　　　　B.技术

C.公众 　　　　　　　　　　　　　　　D.自然环境

（4）（　　　）是指国家的方针、政策、法律、法规。

A.人口环境 　　　　　　　　　　　　　B.政治与法律环境

C.社会文化环境 　　　　　　　　　　　D.经济因素

（5）个人收入中扣除税款、非税性负担后所剩的余额是（　　　）。

A.个人全部收入 　　　　　　　　　　　B.个人可支配收入

C.个人可任意支配收入 　　　　　　　　D.人均国民收入

（6）自行车、摩托车、小轿车都可以用作家庭交通工具，这三种产品的生产经营者之间必定存在着一种竞争关系。其成为各自的（　　　）。

A.愿望竞争者 　　　　　　　　　　　　B.平行竞争者

C.产品形式竞争者 　　　　　　　　　　D.品牌竞争者

（7）（　　　）直接决定市场的潜在容量。

A.人口的数量 　　　　　　　　　　　　B.人口年龄结构

C.人口的地理分布 　　　　　　　　　　D.人口民族结构

（8）运输企业属于市场营销环境中的（　　　）。

A.中间商 　　　　　　　　　　　　　　B.实体分配机构

C.营销服务机构 　　　　　　　　　　　D.金融中介

（9）"网上购物"的不断发展，主要是由于（　　　）。

A.经济发展水平的提高 　　　　　　　　B.科学技术的发展

C.人口环境的变化 　　　　　　　　　　D.政治和法律环境的改善

（10）消费者的各种消费支出占总支出的比例称为（　　　）。

A.消费能力 　　　　　　　　　　　　　B.消费水平

C.消费状况 　　　　　　　　　　　　　D.消费结构

2.多项选择题

（1）市场营销环境具有（　　　）的特点。

A.不可控性 　　　　　　　　　　　　　B.相关性

C.动态性 　　　　　　　　　　　　　　D.客观性

E.影响性

（2）市场营销环境是指影响企业市场营销活动的所有外部力量和相关因素的总和，包括（　　　）。

A.宏观环境   B.技术环境

C.人口环境   D.政治环境

E.微观环境

（3）现在我国的人口环境方面的主要动向有（   ）。

A.人口增长速度放缓   B.出生率下降

C.老龄化   D.家庭规模缩小

（4）自然环境变化的趋势有（   ）。

A.新能源的开发

B.自然资源短缺的影响

C.政府对自然资源管理的干预增强

D.环境污染加重

3.判断题

（1）同一个国家、不同地区的企业之间营销环境基本上是一样的。   （   ）

（2）消费信贷对人们当前的购买几乎没有影响。   （   ）

（3）恩格尔系数越小，表明经济越发达、人民越富裕。   （   ）

（4）微观环境中都是可控因素，而宏观环境中都是不可控因素。   （   ）

（5）家庭是构成社会的基本单位，也是基本的消费单位。   （   ）

4.简答题

（1）什么是市场营销环境？企业为什么要研究市场营销环境？

（2）国家的政治法律环境对企业的营销活动有哪些影响？

（3）近年来我国人口状况对企业的经营有什么影响？

（4）举例说明社会文化环境对企业营销活动有哪些影响。

5.案例分析

华为的困境

受制于5G芯片技术，华为在2021年虽然发布了几款新产品，但在销售方面确实不尽如人意。为此，华为转向打印机、笔记本、显示器等其他领域，推出了鸿蒙系统，可以看出，华为正在积极自救。

在2022年的新年致辞中，轮值董事长郭平表示，华为2021年经受住了考验，履行了对客户的承诺，整体运营情况符合预期。员工们都很努力，新的一年面对新的挑战也会继续加油。

从这篇致辞中，我们可以看到华为继续研发、不改初心、不会向外部条件妥协的决心。诚然，国产手机面临巨大的挑战，但如同华为、小米一样，国产手机厂商也并没有放弃，大家都认识到了科技的重要性，纷纷加大科研投入。我们因5G技术吃过很多亏，也一直受到掣肘。不仅是以前，可能在未来一段时间内这种艰难的处境也不会一下子就发生变化，国产手机的路还很长。但我们可以看到国产手机都在进步，没有退缩，相信会如致辞中写的那样：道阻且长，行则将至，行而不辍，未来可期。不管前路多么艰难、多少险阻，慢慢走不放弃，就一定会走到终点。

资料来源　欧界传媒. 艰难生存环境下华为新年致辞，我们要有质量地活下来［EB/OL］.［2022-01-18］. https：//www.163.com/dy/article/GSIKLJ3I0552C1I4.html.

思考题：

（1）请运用本章有关知识分析华为所面临的营销环境。

（2）你认为华为应如何应对今天的市场环境？

项目实训

◆ **训练目标**

1.通过本次实训，学生能够找到影响企业经营的环境因素。

2.学生在分析环境因素的基础上，能够找到解决问题的办法。

◆ **训练内容**

你和你的伙伴决定在一个拥有10万人口的大学城开办一家便利店。便利店一旦开张，将不得不与其他店铺展开竞争。为了在竞争中争取主动，你们需要对便利店的环境（微观环境）进行详细分析，以便清楚了解自己可能面临的机会和威胁。小组讨论：

1.便利店的顾客是谁？可能的竞争对手有哪些？影响便利店经营的因素有哪些？

2.评估进入便利店的主要障碍。

3.基于以上分析，详细列出你们成功经营自己的便利店的行动步骤。

◆ **训练方法**

小组讨论法、调查法。

◆ **训练建议**

1.将学生分成若干组，每组5人左右，每组设组长1名，负责组织本组成员实训。

2.对便利店营销环境进行调查与分析，得出相关结论。

3.组长组织小组成员进行调查与讨论分析，记录调查、分析及讨论过程，以报告的形式呈现。

4.各组根据调查与讨论的情况制作PPT，并推荐1名组员向教师和同学汇报本组工作。

5.学生点评，然后教师讲评，完善实训报告。

◆ **考核与评价**

1.考核与评价采取报告资料展示和现场表现相结合的方式。

2.评分采取学生和老师共同评价的方式。

评价考核标准见表3-1。

表3-1   **评价考核标准表**

评价考核标准	分值
准确、全面地介绍便利店周围的环境因素	25
正确分析便利店发展的优势、劣势、机会、威胁	25
报告书写规范、认真、正确	25
组员汇报时仪态端庄、思路清晰、语言流畅	25
合　计	100

分析购买者行为

学习目标

知识目标

1. 了解影响消费者购买行为的因素。
2. 掌握消费者购买行为类型以及购买决策过程。
3. 了解生产者市场特征。
4. 掌握生产者市场购买行为类型。

技能目标

1. 能够根据所学知识分析特定消费者的购买行为。
2. 明确针对消费者购买决策不同阶段应采取的营销对策。

思政目标

1. 警惕攀比、跟风的消费思想，警惕各类不良"校园贷"陷阱，树立理性消费意识。
2. 通过开展金融知识普及和"财商"教育，加强学生正确消费观培养。

引导案例

在印度南部城市班加罗尔的小米之家，消费者的购物热情似乎并没有受到四月中旬闷热气候的影响。面积只有70多平方米的小米之家，陆陆续续进来了10余名顾客。这些人大多没有犹豫，而是直接走向柜台，向店员说出想要的机型，然后付款完成交易。两三分钟内，一部小米手机就这样销售出去。据观察，这家店1小时内共售出了18台小米手机，也就是说平均每3分钟就能卖出1台。在一家招牌上打着VIVO的零售店里，一位印度顾客看好了蓝色的红米5A手机，这是红米系列手机中的一款相对低端的机型，官方售价为5 999卢比（约合人民币573元）。

资料来源　界面新闻. 中国手机印度对决：小米是如何三年做到第一的？［EB/OL］．［2019-01-15］．https://www.guancha.cn/TMT/2018_05_07_456021_s.shtml.

请思考：

1. 顾客进店前，对小米手机是否有了解？
2. 在一家招牌上打着VIVO的零售店里，顾客选择小米而没有选择VIVO的动机可能是什么？哪些因素会影响顾客的购买行为？

任务一 分析消费者购买行为

一、消费者市场的概念

消费者市场就是个人或家庭为了生活消费而购买产品和服务的市场。它是整个经济活动为之服务的最终市场，也称消费品市场。它是整个市场体系的基础，是起决定性作用的市场。

二、消费品的分类

消费者在市场上购买的消费品，按购买习惯可以分为四类，即便利品、选购品、特殊品和非渴求物品（见表4-1）。

表4-1 　　　　　　　　　　消费者购买对象的分类

名　称	特　点	举　例
便利品	经常需要、随时购买、价格低廉、就近购买	牙膏、牙刷、洗衣粉等
选购品	购买前精心挑选、愿意花较多时间、精力购买	服装、家电等
特殊品	消费者对其有特殊偏好、愿意花较多时间购买	名牌钢琴、网球拍等
非渴求物品	消费者不了解，也不会积极寻找的产品，没兴趣甚至反感的产品	人寿保险、百科全书等

想一想

便利店在网点布置和货物摆放上应注意哪些事项？

三、消费者市场的特点

（1）购买者人数众多、市场分散、交易次数频繁，但单次交易数量不大。

（2）购买行为差异性较强。消费者人数众多，因在年龄、性别、职业、收入、兴趣、爱好、习惯、民族等方面的差异性较强，购买行为也呈现出复杂性和差异性。

（3）需求的多变性。随着消费者所处环境的变化，消费者对产品也产生了多重的需求，这种需求随着社会的发展还在不断变化之中。例如，不同时期的家庭对汽车的需求就有所不同。

（4）购买者的非专业性和可诱导性。市场上的消费品有成千上万种，消费者对所要购买的消费品大多缺乏专业的知识，对消费品的性能、质量、产地、维修保养以及市场行情等都不太了解，他们的购买行为表现出很强的情感性和可诱导性。消费者在作出购买决策时容易受到广告、产品包装、品牌、商店氛围和销售者的建议等因素的影响。

（5）需求弹性大。需求弹性是一定时期内一种商品的需求量变动对该商品的价格变动的反应程度。消费者受到政治、经济、社会、心理因素和企业促销力度的影响，对要购买的消费品数量和品种表现出一定的需求弹性或伸缩性。例如，可支配收入多则增加消费，可支配收入少则减少消费。

（6）商品的可替代性。消费品中除了少数商品不可替代外，大多数商品都可找到替代品。因此，消费者市场中的商品有较强的替代性。

（7）购买行为的季节性。一般来说，购买行为的季节性分为三种情况：一是季节性的气候变化引起季节性的消费；二是季节性的生产引起季节性的消费；三是风俗习惯和传统节日引起的季节性消费。

四、消费者购买行为模式

分析消费者购买行为，需要认真分析以下几个问题（见表4-2）。

表4-2   **消费者购买行为的6W1H分析**

问　题	解　读
该市场由谁（Who）构成	购买者（Occupants）
在该市场购买什么（What）	购买对象（Objects）
为何（Why）购买	购买目的（Objectives）
谁（Who）参与购买活动	购买组织（Organizations）
怎样（How）购买	购买行为（Operations）
何时（When）购买	购买时机（Occasions）
何地（Where）购买	购买地点（Outlets）

对于上述几个问题的研究，可以通过观察、访问和查询客户数据库等途径进行。研究消费者购买行为的理论中最有代表性的是刺激-反应模式。

刺激-反应模式（如图4-1所示），又称为消费者行为模式。这一模式表明，消费者在受到外部因素的刺激（包括企业的市场营销组合和外部环境刺激）后，便进入消费者心理活动过程，即购买者"黑箱"（由于消费者心理活动过程对企业来说是一种看不见摸不着、不透明的东西，故称之为"黑箱"），在"黑箱"中消费者作出购买决策，形成特定的反应。

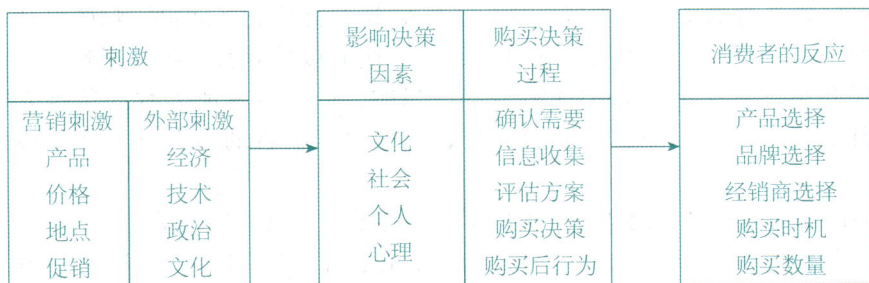

刺激		影响决策因素	购买决策过程	消费者的反应
营销刺激	外部刺激	文化	确认需要	产品选择
产品	经济	社会	信息收集	品牌选择
价格	技术	个人	评估方案	经销商选择
地点	政治	心理	购买决策	购买时机
促销	文化		购买后行为	购买数量

图4-1　刺激-反应模式

五、影响消费者行为的因素

影响消费者行为的因素包括文化因素、社会因素、个人因素和心理因素。

（一）文化因素

文化是人类在长期生活实践中建立起来的价值观念、道德观念以及其他行为准则和生活习俗。任何文化背后都包含较小的亚文化群体，它为其成员提供更为具体的认同感。亚文化就是在主文化或综合文化的背景下，属于某一区域或某个集体所特有的观念和生活方式，包含民族亚文化群、宗教亚文化群、地理亚文化群等。

案例拓展4-1

相信很多网友对李子柒这个名字并不陌生，她是一名网红，经常在网上更新自己的生活视频。李子柒和她奶奶生活在一起，经常发布一些手工制作的视频，恬静、优雅、慢节奏的乡村风情深受网友们的喜爱。短时间内，李子柒在网上积累了大量粉丝，成为名副其实的大网红。2018年，李子柒的淘宝旗舰店正式上线。据调查，"李子柒"品牌的用户大多是15岁到30岁的年轻人，其中女性偏多。"李子柒"品牌用户的特点包括：第一，热爱美食，对美食有强烈的好感，喜欢自己动手制作。第二，热爱古风，对古代的潮流有着浓厚的兴趣，容易接纳新事物，创造新事物。第三，对中国传统文化感兴趣。

（二）社会因素

消费者的购买行为同样也受到一些社会因素的影响。

1.家庭

消费者的家庭环境，包括家庭人口数、家庭成员结构、消费者个体在家庭中的地位及所充当的角色。这些因素对消费者的消费行为产生了直接的影响。在一个家庭中，夫妻在购买决策中的作用是不同的。家庭购买决策有四种类型，即各自做主型、丈夫支配型、妻子支配型、共同支配型。有些产品属于丈夫支配型，如购买汽车、电视机等；有些产品属于妻子支配型，如购买洗衣机、地毯、家具、厨房用品等；还有一些属于共同支配型，如去度假、购买住宅等。营销人员在向家庭推荐产品时，要根据实际情况有针对性地进行营销。

2.相关群体

相关群体是对消费者的态度、偏好、行为具有直接或者间接影响的群体。相关群体可能由家庭、朋友、邻居、同事等组成，他们接触频繁并相互影响。此外，相关群体还包括各种宗教、兴趣和协会群。当前，以消费者所崇拜的英雄人物、明星、网红等为中心还形成了各种粉丝群，他们对消费者的消费行为产生极大的影响力。

相关群体为消费者的消费行为提供了行为标准。通过群体成员之间的交流，群体会对消费者产生信息化影响、规范性影响和价值表现影响。因为消费者希望获得相关群体的认同，所以会接受群体的价值观和行为规范。

案例拓展4-2

目前，小米在印度的线上社区中共有超过400万名米粉，在印度设置了超过20个米粉线下俱乐部。这些集群最突出的作用在于，小米员工可以从中了解用户的具体需求，从而尽可能去满足。在印度，由于文化的多样性，这种信息沟通渠道的存在就显得非常重要。一位小米印度员工举例称，输入法就是一个很明显的例子。"在印度一共有20多种语言，可能一个普通人就会两三种，他们对于不同语言的使用习惯也不同，可能上网用一种语言，平常聊天用一种语言，看新闻又用另一种语言，我们要根据不同的使用习惯来进行安排。"

3.社会角色与地位

一个人的一生要参加许多个群体，如学校、俱乐部、工作单位及其他各种类型的组织。在不同的场合，人们充当不同的角色，每一角色都伴随着一种地位。人们在购买商品时往往结合自己在社会中所处的地位和角色来考虑。例如，公司总经理会乘坐高级轿车，穿价格昂贵的西服，喝价值不菲的酒。企业把自己的产品或品牌变成某种身份或地位的标志或象征，将会吸引特定目标市场的顾客。

（三）个人因素

消费者的决策也受其个人因素的影响。个人因素包括：

1.消费者的年龄

在不同的年龄阶段，消费者的欲望和行为是不同的。例如，6个月、1岁或者3岁的婴幼儿对玩具的需求会不一样；同一消费者在年轻时和步入老年阶段，对食物的偏好、服装的偏爱也会不同。随着年龄的增长，消费者对产品和服务的需求会不断地发生变化。

2.职业

不同职业的消费者，由于工作环境、职业性质等方面的差别，对于商品的需求与爱好往往不尽一致。一个从事教师职业的消费者，一般会较多地购买书报杂志等文化商品；而对于时装模特来说，漂亮的服饰和昂贵的化妆品则更为需要。

3.经济状况

经济状况即消费者可支配收入、储蓄、资产和借贷能力。消费者的经济状况会极大地影响消费者的消费水平和消费选择，并决定着消费者的需求层次和购买能力。

4.生活方式

生活方式是指一个人的生活模式，用以表达他的活动、兴趣和意见。不同的生活方式群体对产品和品牌有不同的诉求。营销人员应设法从多角度区分不同生活方式的群体，如节俭者、奢华者、革新者等，研究企业的产品及品牌与不同生活方式的消费者群体的相互关系，在设计产品和广告时突出针对某一生活方式群体的诉求。

（四）心理因素

1.需要

人的行为是由动机支配的，而动机是由需要引起的。每个人总会有许多不同的需要。有些需要是由生理因素引起的，如饥饿、口渴、不安等。由这些需要引起的动机称为生理性购买动机，也是本能动机。有一些需要是由心理因素引起的，如消费者在与人交往中希望获得尊重和归属感等，即心理性购买动机。

马斯洛通过需要分层来说明人类的行为动机。他认为，人类的需要可按层次排列，存在一个由低级到高级的阶梯，依次为生理需要、安全需要、社会需要、尊重需要和自我实现需要。

（1）生理需要：维持人类生存所必需的，是推动人们行动的主要动力，包括吃、穿、住等方面需要。相对于其他需要，生理需要是压倒一切的，是最原始、最基本的需要。

（2）安全需要：在生理及心理方面免受伤害，获得保护、照顾和安全的需要。例如担心年老、失业、生病等是安全需要的表现。

（3）社会需要：包括社交往来、探亲访友、希望得到友谊、要求参加感兴趣的团体等方面需要。

（4）尊重需要：希望获得荣誉，受到尊重和尊敬，博得好评，得到一定的社会地位的需要。例如，维护自尊心，以及要求别人尊重，如地位、名誉等。

（5）自我实现需要：希望能充分发挥自己的才能，实现自己的理想和抱负的需要。

这五个层次的需要，前两层是物质需要，是低层次的需要；后三层是精神需要，是高层次的需要。通常情况下，消费者只有在满足低层次的需要后，才会追求高层次的需要，但是少数人也会为满足某些高层次的需要而减少低层次的需要。

2.感觉与知觉

感觉是人脑对直接作用于感觉器官的客观事物的个别属性的反应。个体通过眼、鼻、耳、舌等感觉器官对事物的外形、色彩、气味、味道等个别属性有所反应。人在感觉的基础上，形成知觉。知觉是人脑对刺激物各种属性和特征的整体反映。它是人脑对感觉信息加工和解释的过程。知觉不但取决于刺激物的特征，而且依赖于刺激物同周围环境的关系，以及个人所处的环境。

3.学习

它是指由于经验引起的个人行为的改变，即消费者在购买和使用商品的过程中，逐步积累经验，并根据经验调整自己购买行为的过程。

例如，某消费者重视身份地位，所以他可能会经常购买名牌西服。他看了商家宣传或商品之后，受到特定环境的刺激，就会考虑购买。如果穿着很满意的话，他对这一商品的反应就会加强，以后如果再遇到相同诱因，就会产生相同的反应，即采取购买行为。如果反应被反复强化，久而久之，就成为购买习惯了。这就是消费者的学习过程。

营销者要注重消费者购买行为中"学习"这一因素的作用，通过各种途径向消费者提供信息，如重复广告，目的是达到加强诱因、激发驱策力，将人们的驱策力激发到马上行动的地步。同时，企业的商品和提供的服务要始终保持优质，消费者才有可能通过学习建立起对企业品牌的偏爱，形成其购买本企业商品和服务的习惯。

4.信念和态度

通过实践和学习，人们会形成自己的信念和态度，它们又反过来影响人们的购买行为。信念是指一个人坚信某种观点的正确性，并支配自己行动的个性倾向。态度是指一个人对某些事物或观念长期持有的认识上的评价，以及情感上和行动上的倾向。人们对某一商品产生的好感或厌恶感，会反映在他的购买行为上，并且态度是难以改变的。

5.个性

个性是指一个人所特有的、稳定的和本质性的心理特征的总和，反映一个人的整体精神面貌。一个人的个性通常可用自信、控制欲、顺从、保守等特征来描绘。自信的人购买决策过程较短，控制欲强的人喜欢在决策过程中居于支配地位，保守的人往往不容易接受新产品。

六、消费者购买行为

（一）消费者购买行为类型

根据消费者在购买过程中的介入程度和品牌的差异程度，可将其购买行为分为四种类型（见表4-3）。

表4-3   消费者购买行为类型

消费者的介入程度 品牌的差异程度	强参与	弱参与
品牌差异大	复杂购买行为	多样性的购买行为
品牌差异小	减少失调感的购买行为	习惯性的购买行为

1.复杂购买行为

消费者选购价格昂贵、不经常购买的、品牌差异显著的商品时，属于复杂购买行为。由于对这些产品的性能缺乏了解，为慎重起见，消费者往往需要广泛地收集有关信息，经过认真学习，形成对品牌的态度，对这一产品产生信心，并慎重地作出购买决策。如消费者购买汽车、住房等耐用消费品，多属于这种购买行为类型。

对这种类型的购买行为，企业应设法帮助消费者了解与该产品有关的知识，并运用各种途径宣传本企业产品的优点及其给消费者带来的利益，影响消费者的最终购买决定，缩短购买决策时间。

2.减少失调感的购买行为

这是消费者在购买差异性不大的商品时表现出来的一种购买行为。例如，服装、小家电的购买就属于减少失调感的购买行为。由于商品本身的差别不明显，消费者一般不必花费很多时间去收集并评估不同品牌的相关信息，而主要关心价格是否优惠、购买地点是否便利等。因此，这种购买行为从引起需求到决定购买所用的时间较短。

这种购买行为容易产生购买后的不协调感：消费者购买某一产品后，或因产品自身的某些方面令自己觉得不称心，或看到了更出色的竞争产品，从而产生不该购买这一产品的后悔心理或不平衡心理。为此，企业应提供完善的售后服务，并向消费者提供有利于本产品和本企业的信息，使其在购买后相信自己作出的选择是正确的，帮助消费者消除不平衡心理，坚定其对所购产品的信心。

3.多样性的购买行为

这是一种品牌差异大、消费者介入程度低的购买行为。如果消费者购买的商品品牌差异大，但价格低、可供选择的品牌很多，他们并不需要花太多的时间选择品牌，也不需要专注于某一产品，于是经常变换品种。比如购买饼干，他们上次买的是巧克力夹心，而这次想购买奶油夹心。更换品种并不是对上一次购买的饼干不满意，而是想换换口味。

面对多样性的购买行为，当企业处于市场优势地位时，应注意以充足的货品占据货架的有利位置，并通过提示性的广告促成消费者形成习惯性购买行为；而当企业处于非市场优势地位时，则应以降低产品价格、免费试用、介绍新产品的独特优势等方式，鼓励消费者进行多品种的选择和新产品的试用。

4.习惯性的购买行为

这是在品牌差异小、消费者介入程度低的情况下发生的购买行为。消费者有时购买某一商品并不是因为特别偏爱这一品牌，而是出于习惯。比如醋，这是一种价格低廉、品牌差异不大的商品，消费者购买它时，大多不会关心品牌，而是靠多次购买和多次使用而形成的习惯去选定。

针对这种购买行为，企业要特别注意给消费者留下深刻印象，企业的广告要强调本产品的主要特点，要以鲜明的视觉标志、巧妙的形象构思赢得消费者对本企业产品的青睐。为此，企业的广告要加强重复性，以加深消费者对产品的熟悉程度。

想一想

人们在购买矿泉水或洗发水等日用品时是如何决策的？需要选择特定的地点和时间吗？如果是购买笔记本电脑或者房子呢？

（二）消费者购买决策过程

1.确认需要

当消费者对某种商品有需要时，购买过程就开始了。消费者需要可以由内在因素引起，也可以由外在因素所引起。企业应该识别引起消费者需要的具体因素，发掘消费者需要及引起需要的原因，通过相应的手段刺激需要、强化需要。

2. 收集信息

在多数情况下，消费者还要考虑买什么品牌的商品，花多少钱，到哪里去买等问题，他们会收集、了解相关商品信息。消费者需要收集的信息一般包括：产品的质量、功能、价格、品牌及购买者的评价等。消费者的信息来源主要有以下四个方面：

（1）商业来源（媒体广告、销售员、零售商、包装或展销）。

（2）个人来源（家庭、朋友、邻居或熟人）。

（3）大众来源（媒体或消费者组织）。

（4）经验来源（个人处理、对比或使用商品）。

3. 比较评价

消费者根据收集的资料，对商品属性作出判断。通过比较评价，识别适合自己需要的品牌和类型的商品。消费者对商品属性的评价因人而异，有的评价注重价格，有的评价注重质量，有的评价注重品牌或式样等。企业要了解并努力提高本企业产品的知名度，只有使其产品列入消费者比较评价的范围，才可能成为购买目标。企业还应调查人们比较评价某类商品时所考虑的主要指标，并突出这些方面的宣传，以便对消费者的选择产生影响。

想一想

消费者购买手机、汽车、彩电、牙膏时会从哪些方面对产品进行评价？

4. 决定购买

消费者通过对可供选择的商品进行比较评价，进而形成购买决策。消费者通常会购买他们最喜欢的品牌，但有时也会因为他人态度和意外事件而改变购买决定。

消费者修改、推迟或取消某个购买决定，可能是受已察觉风险的影响。已察觉风险的大小，由购买金额大小、产品性能的优劣程度以及消费者自信心强弱决定。企业营销应尽可能降低这种风险，促成消费者购买。

5. 购后评价

消费者购买商品后，购买过程还在继续，他会评价已购买的商品。对此，企业营销部门要予以充分重视，因为它关系到产品的品牌形象和企业的信誉。

企业营销部门应密切注意消费者购买后的感受，并采取适当措施消除不满，提高满意度。如采用经常征求顾客意见、加强售后服务和保证、改进市场营销工作等方式，使消费者的不满降到最低。

案例拓展 4-3

朋友贵还是面包贵？

"朋友贵还是面包贵？"是美国汉堡王在脸书（Facebook）上发起的一个营销活动，该活动通过一个名为"王牌的牺牲品"的游戏而展开。

游戏很简单，只要你删除你的10位脸书上的好友，就可以免费获得一份王牌汉堡。不过，当你删除好友的时候，你的好友是会收到通知的。信息是这样写的："我为了一个免费的王牌汉堡，把你从我的好友名单中删除了！"意思就是，参加游戏的人"卖友求堡"——宁愿牺牲好友，也要得到一个免费的汉堡！被牺牲的人，可能感到很疑惑：难道我不是他的好友吗？于是他可能会报复，甚至会翻脸。

删除好友的行为显然是违反了脸书建立社交网络的精神，也有可能对朋友之间的信任产生冲击，但汉堡王确实是达到了营销的目的，数以万计的人删除了共 234 000 位好友，共 13 000 个网站报道过这个活动，网络上也有超过 14 万条的留言。

资料来源　郭桂山. 2017 年社会化营销趋势及经典案例活动创意［EB/OL］.［2019-01-15］. http://www.chinavalue.net/Management/Blog/2017-3-2/1376802.aspx.

任务二　分析生产者购买行为

一、生产者市场的概念

生产者市场又称工业品市场，它是为满足企业生产产品的需求而提供产品或劳务的市场。

二、生产者购买行为的主要类型

（一）直接重购

直接重购是指采购企业按惯例进行订货的购买行为。企业采购部门根据过去和供应商打交道的经验，从供应商名单中选择供货企业，连续订购采购过的同类产品。这是最简单的采购，因为生产者购买行为是惯例化的。名单内的供应商要保证稳定的产品质量，努力维护与客户的良好关系，以保持现有客户。而名单外的企业往往会试图提供新产品或开展某种让人满意的服务，或者设法以少量订单入门，进入名单，然后再逐步扩大份额。

（二）修正重购

修正重购是指采购企业适当改变采购产品的规格、型号、交货条件和价格的购买行为。

这类购买行为较为复杂，参与购买决策的人数较多。对于已经在供应商名单内的企业来说，必须做好市场调查和预测工作，努力开发新的品种规格，并努力提高生产效率，降低成本，满足修正重购的需要，设法保护自己的既得市场。对于名单外的供应商，这也无疑是一个好机会，可以借这个机会得到业务。

（三）全新采购

全新采购是指企业为了增加新的生产项目或更新设备而第一次采购某一产品或服务的购买行为。这是最复杂的采购业务。

新购买产品的成本越高、风险越大，决策参与者的数量就越多，需收集的信息也就越多，完成决策所需时间也就越长。这种采购类型对企业营销来说是一种最大的挑战，同时也是最好的机会。全新采购的生产者对供应商尚无明确选择，因此是各供应商开拓市场的重要契机。

三、生产者市场的特点

1.衍生需求

生产者市场需求受消费者市场的影响。企业对生产资料的需求，常常取决于消费者对消费品的需求。也就是说，生产者购买需求归根结底是从消费者对消费品的需求中衍生出来的。

2.需求缺乏弹性

在生产者市场上，购买者对产品的需求受价格变化的影响不大。在工艺、设备、产品结构相对稳定的情况下，生产资料的需求在短期内缺乏弹性。例如，皮鞋制造商既不会因皮革价格上涨而减少对皮革的需求量，也不会因为皮革价格下降而增加需求量。

3.购买人员较为专业

生产者购买的生产资料必须符合企业再生产的需要，对产品的质量、规格、型号、性能等方面都有系统的计划和严格的要求，通常由专业知识丰富、训练有素的专业采购人员负责采购。

4.购买者数量少，购买批量大

在生产者市场上，购买者是企业单位，购买者的数量必然比消费者市场少得多，但每个购买者的购买量都较大。在市场经济条件下，许多行业的生产集中在少数大公司，所需原料、设备的采购也就相对集中。购买者数量虽有限，但购买数量相当大。

5.购买者区域相对集中

购买者区域相对集中是由产业布局的区域结构决定的。由于历史和地域、资源的原因，不同国家和地域的产业布局结构各不相同。在我国，东北是重工业所在地，华东是纺织、电子、机械加工业发达地区。产业布局形成了生产者购买较为集中的目标市场。

6.供需双方关系密切

企业购买者与供应商之间往往是战略合作伙伴关系，或者是互惠关系，也就是"你买我的产品，我就买你的产品"的关系。这种长期合作关系的建立是一个较为复杂的过程，一旦建立，就成了密切的伙伴关系。

7.购买多为直接购买

购买者多数希望直接与供应商打交道。一方面，供应商能够保证按照自己的要求提供产品；另一方面，购买者又能与供应商保持密切联系，保证在交货期和技术规格上符合自己的需求。

四、影响生产者购买决策的因素

一般来说，影响生产者购买决策的因素更多表现为客观因素，如企业环境、外部政治环境、经济环境等。当然也不乏个人因素，但个人因素的影响相对于客观因素来说仍然是较小的。影响生产者购买决策的因素主要有：

（1）环境因素。企业外部环境因素，如市场需求水平、经济前景、市场供给状况、技术革新速度等。

（2）组织因素。企业本身的因素，如企业的目标、政策、业务程序、组织结构、内部制度等，都会影响生产者购买决策。

（3）人际因素。主要指企业内部人际关系。生产者购买决策过程比较复杂，参与决策的人员较多，这些参与者在企业中的地位、职权、说服力以及他们之间的关系都会影响最终购买决策。

（4）个人因素。各个参与购买决策的人，在决策过程中都会掺杂个人感情，从而影响对要采购的产品和供应商的看法，进而影响购买决策。

张磊被公司调到销售部。为了尽快进入工作状态，张磊开始思考自己该如何做好销售工作。

张磊接待了一位进店的顾客，但接待过程中因为张磊不熟悉业务，客户很不满，公司的另一位经验丰富的导购员王梅迅速跟进，安抚了顾客的不满情绪。事后，王梅告诉张磊，如果张磊熟悉公司产品，了解顾客的购买行为，接待工作就能够得心应手了。请分析张磊怎样才能做好接待顾客的工作呢？

知识回顾

1.单项选择题

（1）消费品的购买单位是个人或（　　）。

A.集体　　　　　　　　　　　　B.家庭

C.社会　　　　　　　　　　　　D.单位

（2）消费者购买过程是消费者购买动机转化为（　　）的过程。

A.购买心理　　　　　　　　　　B.购买意志

C.购买行动　　　　　　　　　　D.购买意向

（3）在刺激–反应模式中，消费者所受到的刺激主要来自两个方面，一方面是企业的市场营销组合，另外一方面是（　　）。

A.外部刺激　　　　　　　　　　B.经济条件

C.个人心理　　　　　　　　　　D.社会刺激

（4）体育明星和电影明星会对（　　）的消费者行为产生影响。

A.成员群体　　　　　　　　　　B.直接相关群体

C.否定群体　　　　　　　　　　D.崇拜群体

（5）对于减少失调感的购买行为，营销者要提供完善的（　　），通过各种途径提供有利于本企业和本产品的信息，使消费者确信自己购买决定的正确性。

A.售前服务　　　　　　　　　　B.售后服务

C.售中服务　　　　　　　　　　D.无偿服务

（6）消费者对于有些差异明显、不愿花长时间来选择和估价的产品，会选择不断变换所购买产品的品牌，这种购买行为是（　　）。

A.习惯性购买行为　　　　　　　B.多样性购买行为

C.减少失调感的购买行为　　　　D.复杂的购买行为

（7）针对影响消费者购买行为的因素——学习，企业进行市场营销时可进行（　　）。

A.重复性广告播放　　　　　　　B.售后服务

C.广告创新　　　　　　　　　　D.品牌宣传

（8）南方人比较喜欢米饭，而北方人偏爱面食，这种购买行为主要由（　　）引起的。

A.地理亚文化群　　　　　　　　　　B.民族亚文化群

C.社会环境　　　　　　　　　　　　D.个人喜好

（9）人们因为口渴而买矿泉水，这是由（　　）决定的。

A.生理性购买动机　　　　　　　　　B.心理性购买动机

C.个性　　　　　　　　　　　　　　D.生活方式

（10）生产者市场需求具有衍生需求的特点，是由（　　）决定的。

A.消费者市场需求　　　　　　　　　B.自身需求

C.供应商　　　　　　　　　　　　　D.社会因素

（11）企业的采购人员为了更好地完成采购任务，适当地改变采购产品的规格、价格和供应商的购买行为称为（　　）。

A.直接重购　　　　　　　　　　　　B.修正重购

C.全新采购　　　　　　　　　　　　D.协商购买

2.多项选择题

（1）影响消费者购买行为的主要因素包括（　　）。

A.文化因素　　　　　　　　　　　　B.社会因素

C.个人因素　　　　　　　　　　　　D.心理因素

（2）个人因素是影响消费者购买行为的主要因素，包括（　　）。

A.年龄　　　　　　　　　　　　　　B.职业

C.生活方式　　　　　　　　　　　　D.经济状况

（3）马斯洛认为人类的需要可按层次排列，共分为五层，分别为生理需要、安全需要和（　　）。

A.社会需要　　　　　　　　　　　　B.尊重需要

C.心理需要　　　　　　　　　　　　D.自我实现需要

（4）消费者的购买决策过程通常会经历确认需要、收集信息、（　　）等几个阶段。

A.比较评价　　　　　　　　　　　　B.购时体验

C.决定购买　　　　　　　　　　　　D.购后评价

3.判断题

（1）消费者行为是由一系列连续的动作构成的，是一系列的过程。　　（　　）

（2）消费者购买决策通常都是由一个人作出的。　　　　　　　　　　（　　）

（3）企业进行市场营销的对象只针对个人消费者。　　　　　　　　　（　　）

（4）生产者市场的需求弹性较大。　　　　　　　　　　　　　　　　（　　）

（5）在生产者购买过程中，引起生产者购买的动机都来自组织内部。　（　　）

4.简答题

（1）消费者购买决策过程包括哪几个阶段？

（2）简述相关群体对消费者购买行为的影响。

（3）生产者市场的特征是什么？

（4）简述生产者购买行为类型。

5.案例分析

2013年12月，茶颜悦色首家门店在黄兴广场开张，中式呈现与西式制作结合，文艺范十足，耳目一新的设计感，吸引了不少人前来品尝。

茶颜悦色的创新，不只是包装上的噱头，产品内容也很丰富，"鲜茶+奶+奶油+坚果碎"的融合，这样就不能像传统奶茶那样，一根吸管戳下去喝，店员经常得教顾客用吸管挑坚果吃，吃完再拌，最后再喝，"一挑、二搅、三喝"。

茶颜悦色的中国风包装设计版权是从各路插画师手中花上百万元购买的。产品名字也都很有特色，如"幽兰拿铁""声声乌龙"，由于概念过于新鲜，店员们不得不一遍遍地跟顾客解释到底是什么产品。但与同价位商品相比，茶颜悦色用料也更为严格，16元的"幽兰拿铁"用的是斯里兰卡红茶、雀巢纯牛奶、美国进口碧根果。性价比高，这是茶颜悦色能够从一众网红品牌当中快速突出的本质原因。高额的营销投入，再加上产品的成本，这些开支让茶颜一直处在"毛利率生存线"上，但付出终究有回报。

2020年7月27日，茶颜悦色在长沙有225家门店。茶颜悦色成了长沙特有的标志，很多到过长沙的人，多半都会被当地朋友带去这个地标式奶茶店，喝上一杯幽兰拿铁。

思考题：

（1）按照消费者需要产生的过程来看，茶颜悦色是如何刺激消费者产生购买欲望的？

（2）消费者购买奶茶属于哪一种购买类型？这种购买类型有何特点？

项目实训

◆ 训练目标

1.通过角色扮演充分调动和提高学生的积极性和参与度。

2.学生在角色扮演中思考、分析影响消费者购买行为的因素。

3.通过模拟活动加深学生对"消费者购买行为"的认识和理解，培养正确的消费观和价值观。

4.训练背景资料：

刘星：爸爸，圣诞节快到了，我正在为买礼物犯愁呢！

爸爸：这有何难啊！商店里礼物多着呢！

刘星：不是为这！我是弄不清楚小伙伴们两个月之后会喜欢什么？上个月他们跟着周杰伦走，这段时间又陷入了"韩流"。

爸爸：哦！原来这样啊！那的确很难！

刘星：就说"鼠标"吧！新买的真维斯牛仔裤，非得在膝盖部位抠两洞，还不能一样大小！

爸爸：啊！

刘星：还有"键盘"呢！他是我班的"名牌一族"！不穿耐克别想和他搭话。他说啦！今年圣诞不收礼，要收就收名牌礼！

爸爸：乖儿子，我看呀，你不必理会同学们的不同心理．买些既有用又实惠的学习用品才是最实用的！

刘星：oh！My god！老爸，你叫我情何以堪啊！

◆ 训练方法

1.将学生分为若干组。

2.选择两组同学进行消费者购买的情景表演。角色分配：主持（负责开场及一些必要的旁白），刘星，刘星爸爸。

3.每组讨论背景资料中影响消费者购买行为的因素。小组讨论应该怎样对待送礼，应该怎样看待消费潮。

4.每组1名同学汇报小组讨论情况。

5.教师总结情景剧中的影响送礼的因素，引导学生建立正确的消费观和价值观。

◆ 训练建议

1.通过讨论，学生能够全面、深入分析影响消费者购买行为的因素。

2.通过讨论，学生建立正确的消费观。

◆ 考核与评价

评价考核标准见表4-4和表4-5。

表4-4 　　　　　　　　　　　　　评价考核标准表（一）

评价考核标准（一）	分值
情景表演完整	25
表演角色穿着整齐，声音洪亮、流畅	25
相互有眼神交流，表演到位	25
全组成员认真参与，相互配合默契	25
合　　计	100

表4-5 　　　　　　　　　　　　　评价考核标准表（二）

评价考核标准（二）	分值
对影响消费者购买行为的因素分析全面、深入	25
对同学们的价值观和消费观的讨论全面、具体，认识正确	25
讨论汇报资料正确、完整	25
组员汇报时仪态端庄、思路清晰、语言流畅	25
合　　计	100

确定目标市场

知识目标

1. 掌握市场细分的概念、标准及原则。
2. 掌握目标市场策略。
3. 掌握市场定位的方法及策略。

技能目标

1. 能够运用市场细分方法对消费者市场或生产者市场进行细分。
2. 能够运用所学知识选择和确定目标市场。
3. 能够对目标市场进行市场定位。

思政目标

1. 理解《关于完善促进消费体制机制 进一步激发居民消费潜力的若干意见》出台的意义，认识构建更加成熟的消费细分市场的重要性。
2. 引导学生树立绿色消费观念。

引导案例

美国宝洁公司（P&G），是世界知名的日用消费品公司之一。在洗发护发用品市场，宝洁运用多品牌战略，较好地定位和细分不同市场，强调各种品牌产品的特点，吸引不同的消费群体，从而拥有了较多的细分市场。

在宝洁的洗发水阵营里，飘柔突出"飘逸柔顺"；海飞丝宣扬的是"头屑去无踪，秀发更出众"；潘婷则强调"营养头发，更健康更亮泽"；沙宣是专业"美发"；伊卡璐是"染发"。宝洁打造了一条完整的美发护发的产品线，对市场进行有效细分。宝洁公司针对以上几类消费者推出了不同的产品，以满足其个性化需求。

资料来源　佚名. 宝洁公司营销战略分析［EB/OL］.［2019-02-05］. http://wenku.baidu.com/view/f32c532fcfc789eb172dc837.html.

请思考：

宝洁公司的这种做法有什么好处？是否每个企业都可以模仿实施？

确定目标市场包括市场细分（Segmenting）、选择目标市场（Targeting）和市场定位（Positioning）三个步骤，简称STP战略。

任务一　掌握市场细分方法

一、市场细分的概念

（一）市场细分的含义

市场细分是指企业根据消费者需求的差异性，把某一产品（或服务）的整体市场划分为若干个消费者群的过程。每一个消费者群就是一个细分市场，亦称"子市场"或"亚市场"，每一个细分市场都是由在需求上具有某种相似特征的消费者构成的消费者群。

市场细分是由美国市场营销学家温德尔·史密斯于1956年提出来的，市场细分概念是市场营销理论的新发展，是企业贯彻市场营销观念的必然产物。

市场细分不是对产品分类，而是对同种产品需求各异的消费者进行分类。消费者的需求、欲望、购买行为及购买习惯的差异性，是市场细分的重要依据。

（二）市场细分的意义

1.有利于企业发现新的市场营销机会

通过市场细分，企业易于发现未被满足的消费需求，寻找到市场的"空白点"。企业如果可以满足这些消费需求，就可以把它作为自己的目标市场，获得市场机会。例如，我国牙膏市场竞争激烈，但是通过市场细分可以看出，竞争激烈的主要是成人牙膏市场，儿童牙膏市场竞争相对温和。某些日化企业将儿童牙膏市场确定为企业的目标市场，生产各式各样的儿童牙膏，结果大获成功。"空档"市场就是企业的市场机会。

2.有利于企业适应竞争

在市场竞争日益激烈的今天，企业进行市场细分能够发现目标消费者群的需求特性，调整产品结构，突出产品特色，与竞争对手展开错位竞争，从而取得良好效益。

3.有利于企业有效地利用资源

企业在市场细分的基础上，能够针对大企业留下的市场空白，集中所有的资源，选择最适合自身经营的细分市场，发挥营销优势和特色，进而获得更大的发展。

4.有利于企业制定营销策略和战略

通过市场细分，企业可以更好地了解目标市场，采取相应的营销组合策略，制定正确的产品策略、价格策略、分销策略和促销策略，实现企业营销目标。

二、市场细分标准

（一）消费者市场的细分标准

在选择消费者市场时，企业可以运用细分标准进行市场细分。消费者市场的细分标准通常可以分为四大类，即地理标准、人口标准、行为标准和心理标准。

1.地理标准

处在同一地理条件下的消费者，他们的需求有一定的相似性，对企业的产品、价格、分销、促销等也会产生相似的反应。地理标准的具体变量包括国别、气候、城乡、地理位置、交通环境等。

案例拓展 5-1

麦当劳在美国快餐市场和国际快餐市场上占有较大的份额，但无论是在美国还是在其他国家，每个国家都有各自的饮食习惯和文化背景。麦当劳为此进行了地理细分，重点分析了各地理区域的差异。通过市场细分为不同的地理区域设计经营活动，从而做到因地制宜。

例如，麦当劳进入中国市场初期，大量传播美国的文化和生活理念，并以美国式产品——牛肉汉堡来征服中国人的胃。但中国人比较喜欢吃鸡肉，与其他洋快餐相比，鸡肉产品更符合中国人的口味，更加容易被中国人所接受。针对这一情况，麦当劳改变了原来的策略，推出了以鸡肉为原料的系列产品。这一改变正是针对地理要素所作出的决策，同时这一改变也加快了麦当劳在中国市场的发展步伐。

资料来源　佚名.市场细分案例——麦当劳瞄准市场细分要求〔EB/OL〕.〔2019-01-31〕. http://www.doc88.com/p-806118574115.html.

2.人口标准

人口是构成市场最主要的因素，人口标准易于统计且直接与市场规模相关，是市场细分最常见的标准。人口标准主要包括年龄、性别、收入、职业、教育水平、家庭规模、家庭生命周期阶段、宗教、种族、国籍等。例如，玩具市场可以用年龄和性别来加以细分。从年龄的角度来说，1岁以下的婴儿喜欢颜色鲜艳的、能够活动的玩具，3~4岁的儿童则比较喜欢有一定挑战性的智力玩具。从性别的角度来说，男宝宝对玩具车、玩具枪比较感兴趣，而女宝宝则对布娃娃之类玩具更感兴趣。性别细分尤其适用于服装市场和化妆品市场。近年来，男士化妆品产业发展迅猛，许多以前主要生产女士化妆品的企业成功地拓展了男士产品线。例如，国货老品牌百雀羚就推出了一系列男士产品，市场反响良好。

案例拓展 5-2

对于化妆品市场，可以采用细分市场的方法找出市场空白点。日本资生堂公司曾对日本女性化妆品市场做过深入的调查，按照年龄把她们分为以下四类：第一类，15~17岁的女性。她们正当花季，讲究打扮，追求时髦，对化妆品的需求意识较为强烈，但购买的往往是单一的化妆品。第二类，18~24岁的女性。她们对化妆品也非常关心，消费积极，而且只要看到合心意的产品，即使价格昂贵也在所不惜。第三类，25~34岁的女性。他们大多数已经结婚，化妆品的使用已经成为一种日常习惯了。第四类，34岁以上的女性。她们对化妆品的需求比较朴素，而且比较单一。根据这样的细分结果，资生堂公司便有针对性地推出不同的产品。结果，资生堂公司市场效益大大超过了同行。

资料来源 佚名. 资生堂的细分顾客的营销策略［EB/OL］.［2019-01-28］. http：//cy.qudao.com/news/110059.shtml.

3.行为标准

用购买行为作为细分市场的标准，通常可以考虑以下因素：购买时机、寻求利益、使用状况、使用频率、品牌忠诚度。此外，消费者对价格、服务、广告等营销因素的敏感度都可以作为企业进行市场细分的标准。

案例拓展5-3

美国一家啤酒公司调查发现，美国啤酒消费量的80%是由50%的顾客创造的。于是，公司将大量饮用啤酒者当成目标顾客。该公司还进一步了解到，大量喝啤酒的人多是工人，年龄在25~50岁，喜欢观看体育节目，每天看电视的时间是3~5小时。企业根据这些信息，改进了其在定价、广告传播等方面的策略。

资料来源 屈冠银. 市场营销理论与实训教程［M］. 北京：机械工业出版社，2010.

4.心理标准

按照消费者的心理特征来细分市场，通常可以考虑以下因素：生活方式、社会阶层和性格特征等。心理标准的典型细分见表5-1。

表5-1 　　　　　　　　　　　心理标准的典型细分

标准	典型细分
生活方式	事业型、朴素型、时髦型、知识型、娱乐型等
社会阶层	白领、蓝领、金领
性格特征	外向型或内向型、理智型或冲动型、积极型或保守型

（二）生产者市场的细分标准

由于生产者市场有自身的特点，企业应采用不同的标准来进行市场细分。最常见的标准有用户规模、产品最终用途、购买方式和地理位置。

1.用户规模

在生产者市场上，有的用户购买量很大，而一些用户购买量则很小。以钢材市场为例，像建筑公司、造船公司、汽车制造公司对钢材需求量很大，动辄数万吨地购买，而一些小的机械加工企业，一年的购买量也不过几吨或几十吨。企业应当根据用户规模大小来细分市场，根据用户或客户的规模不同，企业的营销组合方案也应有所区别。

2.产品最终用途

生产者购买产品，一般是供再加工使用，对所购产品通常都有特定的要求。比如，同样是钢材用户，有的需要圆钢，有的需要带钢，有的需要普通钢材，有的需要硅钢、钨钢或其他特种钢。企业此时可根据用户要求，将要求大体相同的用户集合成群，并据此设计出不同的营销组合策略。

3.购买方式

根据生产者购买方式来细分市场，通常考虑的主要购买方式包括直接重购、修正重购及全新采购。不同的购买方式的采购进度、决策过程等均不相同，企业的营销策略也要相应地调整。

4.地理位置

根据客户所在地与本企业距离的远近和客户所在地的区域特征，可将生产者市场分成不同的市场。用户所处的地理位置涉及当地资源条件、自然环境和生产力布局等因素，这些因素决定地区工业的发展水平、发展规模和生产布局，形成不同的工业区域，产生不同的生产资料需求特点。

三、有效市场细分的原则

消费需求的差异性是市场细分的基础。为了使细分市场对企业有意义、有价值，有效的市场细分要遵循以下原则：

1.可衡量性

可衡量性是指企业对细分市场的购买力、市场需求和市场规模能够进行数量化的准确评估，并可以获取有关顾客的具体资料。而有些细分标准不易获取，或令人捉摸不定，难以衡量和测算，企业不能将其作为细分标准。

2.可进入性

可进入性是指企业细分出来的市场是通过营销努力能够进入的市场。首先，企业具备进入这些市场的资源和实力；其次，企业能够通过适当的媒体把产品信息传递给顾客；最后，企业的产品能够通过一定的渠道抵达该市场。

3.可盈利性

可盈利性是指细分出来的市场要有足够的市场容量，使企业能够获得目标利润。如果市场容量太小，分得过细，则产品销量和盈利都得不到保证，就不能作为细分标准。当然，市场容量不仅要考虑现实的购买力，还要考虑未来的购买潜力，这样的细分市场才有发展前途。

4.相对稳定性

相对稳定性是指细分出来的市场必须在一定时期内保持相对稳定，以便企业制定长期的营销策略，有效地开拓并占领该目标市场，获取预期收益。若细分市场变化过快，将会增加企业的经营风险。所以目标市场要能保证企业在相当长的一个时期经营稳定，避免目标市场变动过快给企业带来风险和损失，保证企业取得长期稳定的利润。

5.反应的差异性

反应的差异性是指不同的细分市场在观念上能被区别，并且对企业采用的不同营销组合因素和方案有不同的反应。例如，在已婚和未婚的妇女中，对香水的反应基本相同，这样的细分就不应该继续下去。

四、市场细分的方法

1.单一因素细分法

单一因素细分法即用一个因素对市场进行细分，例如服装企业按照性别细分市场为男装市场和女装市场；按照气候的不同则可以分为春装、夏装、秋装和冬装。

2.系列因素细分法

细分市场不仅使用多项因素，而且各因素是按一定顺序逐步进行，由浅入深、由粗到细，逐步进行细分，这种方法叫系列因素细分法。

五、市场细分的步骤

美国市场学家麦肯锡提出细分市场的一整套程序，这一程序包括以下几个步骤：

（1）选定产品市场范围，即确定进入什么行业、生产什么产品。产品市场范围应以顾客的需求，而不是产品本身特性来确定。

（2）列举潜在顾客的基本需求。

（3）了解不同潜在顾客的不同要求。

（4）去掉潜在顾客的共同要求，以特殊需求作为细分标准。

（5）根据潜在顾客需求差异，将其划分为不同的群体或子市场，并赋予每一子市场一定的名称。

（6）进一步分析每一细分市场需求与购买行为特点，并分析其原因，以便在此基础上决定是否可以对这些细分出来的市场进行合并或进一步细分。

（7）估计每一细分市场的规模，即在市场调查的基础上，估计每一细分市场的顾客数量、购买频率、平均每次的购买数量等，并对细分市场上产品竞争状况及发展趋势作出分析。

任务二　目标市场的选择

　　目标市场是企业营销活动所要满足的市场，即企业为实现预期目标而要进入的市场。企业确定目标市场有两种选择：一种是在市场细分的基础上，企业根据自己的资源条件和经营能力选择一个或数个子市场作为自己的目标市场；另一种是企业不对市场进行细分，将产品的整体市场作为企业的目标市场。

一、目标市场应该具备的条件

　　选择目标市场一般从以下三个方面来考虑：市场规模和成长性；市场竞争结构；企业目标和资源。

（一）市场规模和成长性

　　市场规模越大，越容易形成规模经济，降低生产和营销成本，企业获得利润的可能性也越大；市场成长性越好，提供给企业未来发展和获利的空间也越大。但是，对于一个企业来说，并不是最大和增长最快的细分市场才最具有吸引力。一些较小的企业会发现其缺乏必要的技能和资源来满足较大细分市场的需要，或者这些市场竞争太激烈。

（二）市场竞争结构

　　一个规模适宜、成长性良好的市场，有时并不一定是最有吸引力的市场，原因在于衡量市场是否具有吸引力还要看市场是否具备长期盈利的潜力。市场长期盈利的潜力与市场竞争结构密切相关。一个市场（行业）的长期盈利前景是由该市场（行业）竞争结构中的五种竞争力量相互作用所决定的，这五种力量包括：市场中的现有竞争者、潜在进入者、替代品、供应商和购买者。

（三）企业目标和资源

　　一个规模、成长性和竞争结构都适宜的行业，有可能并不适合某一具体的企业，原因在于：市场与企业发展目标相悖，进入该市场将分散企业的资源，进而影响到企业长远目标的实现；即使该市场与企业发展目标相符，如果企业不具备获得市场竞争所必需的资源能力，也不得不放弃该市场。

二、目标市场的选择

　　经过评估，企业将决定进入哪些细分市场，即选择自己的目标市场。在选择目标市场时，有以下五种目标市场选择模式可供参考（如图5-1所示）。

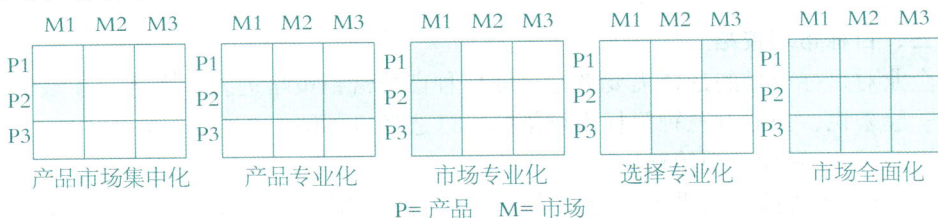

产品市场集中化　产品专业化　市场专业化　选择专业化　市场全面化

P=产品　M=市场

图5-1　五种目标市场选择模式

1.产品市场集中化

产品市场集中化，指企业只选取一个细分市场，只生产一类产品，供应给一类顾客群。

选择产品市场集中化模式一般基于以下考虑：企业具备在该细分市场专业化经营的优势；限于资金能力，只能经营一个细分市场；该细分市场中没有竞争对手；准备以此为出发点，取得成功后向更多的细分市场扩展。

2.产品专业化

产品专业化，即为各类顾客同时供应某种产品。如电脑生产商只生产电脑产品，可以同时向家庭、政府机关、学校、企业等各类用户销售。其优点是企业专注于某一种或某一类产品的生产，有利于形成和发展技术上的优势，在该产品领域树立形象。其缺点是当该产品领域被一种全新的技术所代替时，该产品销售量有大幅度下降的危险。

3.市场专业化

市场专业化是指企业为同一类顾客提供不同种类的产品。企业生产满足某一类顾客群体的需要，专门生产这类消费者需要的各类产品。比如某工程机械公司专门向建筑业用户供应推土机、打桩机、起重机、水泥搅拌机等建筑工程中所需要的机械设备。由于经营的产品类型众多，故能有效地分散经营风险。但由于目标集中于某一类顾客，当这类顾客由于某种原因需求下降时，企业也会遇到收益下降的风险。

4.选择专业化

选择专业化是指企业有选择地进入几个不同的细分市场，为不同的顾客群提供不同种类的产品，满足各自需要。这些细分市场之间较少或基本不存在联系，具有良好的盈利潜力和结构吸引力，且符合企业的经营目标。其优点是可以有效地分散经营风险，即使某个细分市场盈利不佳，企业仍可在其他细分市场取得盈利。选择专业化模式的企业应具有较强的资源优势和营销实力。

5.市场全面化

市场全面化是指企业为所有顾客群提供他们需要的所有产品。只有实力雄厚的大型企业才能选用市场全面化模式，这种市场模式由于面广量大，能够收到良好的营销效果。例如，丰田汽车公司在全球汽车市场和海尔公司在中国家电市场上，均采取市场全面化的目标市场模式。

三、目标市场策略

企业对目标市场的选择需要考虑采取何种市场营销策略进入，直至占领该目标市场。一般来说，企业有三种目标市场策略可以选择（如图5-2所示）。

（一）无差异性营销策略

无差异性营销策略是指企业以整体市场作为自己的目标市场，根据整体市场上绝大多数顾客的需要，生产一种产品和制定一种市场营销组合，以满足绝大多数顾客的需要。

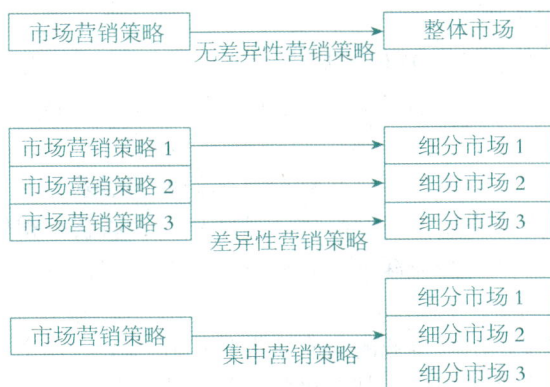

图 5-2　三种目标市场策略

其优点：有利于标准化和大规模生产，有利于降低单位产品的成本费用，获得较好的规模效益。因为只涉及一种产品，产品容易标准化，能够大批量地生产和储运，可以节省产品生产、储存、运输、广告宣传等费用；不搞市场细分，也相应减少了市场调查、制定多种市场营销组合策略所要消耗的费用。

其缺点：不能满足消费者需求的多样性，不能满足其他较小的细分市场的消费者需求，不能适应多变的市场形势。

无差异性营销策略适用于消费者的挑选性不大、需求弹性较小的基本生活资料和主要工业原料，如棉花、粮食、油料、煤炭、工业用糖等。对于一个企业来说，该营销策略一般也不宜长期采用。

（二）差异性营销策略

差异性营销策略是指企业以整体市场上的各个子市场作为自己的目标市场，根据各个子市场的不同需要，提供不同的产品，制定不同的市场营销组合，以满足各个子市场的不同需要。

其优点：可满足不同消费者群体，拓展企业的市场空间；能增强企业对目标市场的渗透力和控制力，从而增强竞争能力。

其缺点：增加企业经营成本和管理难度，影响企业产销数量和利润规模。

差异性营销策略适用于大多数异质的产品。采用差异性营销的企业一般是大企业，小企业通常不会采用。随着产品品种的增多、分销渠道的多样化，以及市场调查和广告宣传活动的扩大与复杂化，生产成本和各种费用必然大幅度增加，需大量的资源作为依托。

案例拓展 5-4

美国某服装企业，按照生活方式把妇女分成三种类型：时尚型、男子气型、朴素型。时尚型妇女喜欢把自己打扮得华贵艳丽、引人注目；男子气型妇女喜欢打扮得超凡脱俗、卓尔不群；朴素型妇女购买服装讲求经济实惠、价格适中。公司根据不同类型妇女的不同偏好，有针对性地设计出不同风格的服装，使产品对各类消费者更具有吸引力。

（三）集中营销策略

集中营销策略是指企业以整体市场上的某一个子市场作为目标市场，根据子市场的需要，集中力量生产一种产品和制定一种市场营销组合，以满足子市场的需要。

其优点：资源集中，能更好地满足细分市场的顾客需求，使小企业能更好地参与竞争。企业集中所有资源在子市场，节省了营销费用，将会获得较高的投资回报。由于目标市场相对集中，便于企业深入调查研究，及时把握信息，作出适应市场变化的决策。

其缺点：风险较大。由于企业的所有资源集中在一个或几个特定的市场上，一旦市场情况突变，企业将陷入困境，甚至可能会被逐出市场。

集中营销策略着眼于某一类顾客的需求，适用于资源有限的中小企业。

案例拓展 5-5

随着经济的发展，不同人群都可以拥有个性化和细分化的消费体验。杭州市的一家餐饮店推出了"一人食"私享火锅，该火锅小而精，食物每份分量也减少一半。厨房的档口直接对接顾客的餐桌，每张桌子都被一个隔板隔开，保证了每个顾客的私人空间，让单身人群也可以以一种舒适的方式享用原本需要多人用餐的火锅美食。

四、选择目标市场应考虑的因素

上述三种可供选择的目标市场策略各有利弊，适合于不同的情况。一般来说，在选择目标市场策略时应考虑以下几个方面的因素。

（一）企业的资源

企业的资源包括生产、技术、销售、管理等力量的总和。如果企业资金实力雄厚，销售、管理力量较强，可以选择无差异性营销策略和差异性营销策略；反之，如果企业能力有限，无力兼顾整体市场，宜选择集中营销策略。

（二）产品的属性

产品在性能、特点等方面的差异程度是不同的，有的差异大，有的差异小。如食盐、食糖、大米等产品的差异性很小，可视为"同质"产品，对于同质产品，可以实行无差异性营销策略；反之，如化妆品、服装、家具等产品的差异性较大，可视为"异质"产品，对异质产品宜采用差异性营销策略或集中营销策略。

（三）市场差异性的大小

市场差异性的大小主要是指市场是否"同质"。如果市场上所有顾客在同一时期偏好相同，市场需求就会表现为没有多大差异，对营销刺激的反应也相近。如20世纪六七十年代，男士服装基本上就是统一的中山装，这样的市场可视为"同质市场"，一般宜实行无差异性营销策略；反之，如果市场需求差异较大，宜采用差异性营销策略或集中营销策略。

（四）产品生命周期

对处于产品生命周期不同阶段的产品来说，需要考虑采取不同的目标市场策略。产品处于投入期或成长期时，可采用无差异性营销策略，以扩大市场规模，提高市场占有率。产品进入成长期或成熟期时，市场竞争激烈，可改用差异性营销策略，以开拓新市场、开发新产品，增强企业的竞争力。产品进入衰退期时，企业应采用集中营销策略，收缩战线、延长产品的生命周期。

（五）竞争对手的目标市场策略

企业采用何种目标市场策略，往往要视竞争对手所采取的目标市场策略而定，一般来说，企业的目标市场策略要与竞争对手有所区别，甚至反其道而行之。实力强大的竞争对手采取无差异性营销策略时，其他企业要想把产品打进市场，则应采用差异性营销策略，如仍采用无差异性营销策略就很难成功。如果企业面对的竞争对手较弱，也可采取与之"对着干"的策略，凭借实力击败竞争对手。当然，这些只是一般性原则，并没有固定不变的模式，企业在实践中应根据市场的具体情况和竞争对手的力量对比，采取适合自己的目标市场策略。

任务三 进行市场定位

一、市场定位的概念

企业选择了目标市场后，就需要在目标市场上进行产品的市场定位。通过市场定位，消费者可以看出企业产品的特征、企业产品与同类产品的区别以及企业产品能够带给消费者的利益。

（一）市场定位的含义

市场定位就是企业根据竞争者现有产品在市场上所处的位置，针对消费者或用户对该种产品某种特征或属性的重视程度，强有力地塑造出本企业产品与众不同的、给人印象鲜明的个性或形象，并把这种形象生动地传递给消费者，确立该产品在市场上的位置。

（二）市场定位的目的

市场定位是在 20 世纪 70 年代由广告经理艾尔·列斯（Al Ries）和杰克·特劳特（Jack Trout）提出的，市场定位的目的是使本企业的产品与其他企业的产品区分开来，使顾客明显感觉和认识到这种差别，从而在顾客心目中占有特殊的位置。

拓展阅读：经典永存定位之父杰克·特劳特金句

企业要想在目标市场上取得竞争优势和更好的效益，就必须在了解消费者和竞争者的基础上，确定本企业产品在市场中的位置，并使消费者对产品的印象深刻，建立顾客对企业产品市场定位的认同。为了简化购买过程，消费者会将头脑中的产品或服务信息整理分类，并在自己的心中进行定位。一个产品的定位是与其他竞争产品相比，消费者对该产品的感知、印象与感觉的组合。在汽车产业，本田飞度（Fit）通常被定位为经济型轿车，凯迪拉克被定位为豪华轿车，保时捷被定位为高性能轿车。

案例拓展 5-6

白酒和茶叶、陶瓷一样拥有悠久的历史文化底蕴和独特性。当前，年轻一代崇尚简约生活，对白酒形成了口感辛辣的固有印象，导致白酒的消费群体趋于老龄化，年轻一代越来越远离白酒。然而，江小白以其独特的情怀卖点和主打年轻受众的策略进入国内白酒市场，以独特的小瓶包装、直指人心的文案、贴近现代生活的设计，让人眼前一亮。江小白迅速占领年轻人市场，深受都市年轻人喜爱。可以说，江小白通过一种绝对差异化的定位，进入了年轻人市场。

二、市场定位的方法

常见的市场定位方法有以下几种：

（一）特色定位

特色定位即根据具体产品的特色进行定位。例如，宝洁公司的洗发、护发系列品牌：①飘柔，定位是使消费者头发更为柔顺；②海飞丝，定位是使消费者的头屑去无踪；③潘婷，定位是给消费者头发增加营养。

（二）利益定位

利益定位是根据产品提供的利益进行定位。利益包括多个方面，如价格、耐用性、质量、服务情况、优越程度等。例如，沃尔沃汽车定位是"世界最安全的汽车"，宜家的定位是"低价格、精美、耐用"。

（三）使用定位

使用定位是根据使用者的类型（生活方式、个性、性格、价值观）和特定使用场合、特定使用时间进行定位。例如，小米手机定位是"为发烧而生"。

（四）对抗定位

对抗定位通常宣称比竞争对手的产品更优越，是一种势均力敌、"对着干"的定位方式。例如，有 A、B、C、D 四个品牌的冰淇淋，它们各自的定位是这样的：A 品牌，我的冰淇淋味道更好；B 品牌，我的冰淇淋品种更多；C 品牌，我的冰淇淋纯牛奶更多；D 品牌，我的冰淇淋价格更低。

（五）比附定位

这是以竞争者产品为参照物，依附竞争者定位的方法。例如，当耐克运动鞋、安踏运动鞋、阿迪达斯运动鞋摆在一起销售时，消费者就会认为安踏运动鞋和名牌摆在一起，肯定也是名牌。

（六）类别定位

在消费者心目中，该产品成为某类产品的代言品类。例如，去头屑——海飞丝；饮料——可口可乐；操作系统——微软；汉堡包——麦当劳；儿童钙奶——乐百氏。

案例拓展 5-7

在 2018 年"双 11"当天，薇诺娜这个大多数人都不知道的品牌，全渠道销售超 4 亿元，天猫销售额突破 2 亿元，单品特护霜售出 85 万支，跻身天猫美妆榜 TOP9。

一直以来，药妆是国际品牌的天下，薇诺娜脱颖而出的原因究竟在哪里呢？

在化妆品市场细分趋势愈发明显的当下，消费者对具有预防或辅助治疗肌肤问题的药妆有了更高的期待。薇诺娜品牌创始人清晰地看到了敏感肌人群的市场需求，发现了新市场。薇诺娜从一开始就精准定位，针对敏感肌肤进行产品研发。

2008 年，经过全国多家三甲医院皮肤科临床观察，薇诺娜首次出现在第四届中国皮肤科医师年会上，那时候薇诺娜还并不为大众所熟知。另外，薇诺娜还与中科院昆明植物研究所合作，挖掘到适合敏感肌用户的两种成分：马齿苋和青刺果。为了确保产品的安全性，薇诺娜与北京大学第一医院、复旦大学华山医院等 54 家国内著名三甲医院进行合作，开展多中心、大规模的产品效果观察，然后再进入市场。

思考：薇诺娜在化妆品市场是如何定位的？目标市场的顾客有何特征？

三、市场定位的策略

企业市场定位的策略有如下几种：

（一）避强定位

避强定位是一种避开强有力的竞争对手，将其位置确定于市场空白点，开发并销售目前市场上还没有的某种特色产品，以开拓新的市场领域的定位。避强定位是一种"见缝插针"的定位。其优点是能够使企业远离其他竞争者，在该市场上迅速站稳脚跟，并能够在消费者心目中迅速树立起企业形象。

案例拓展 5-8

伊利公司在进入北京冷饮市场时，以价格和口感作为定位的依据，发现竞争对手"和路雪""雀巢"冷饮的口感较好，但价格偏贵，于是充分发挥自己低成本的优势，专门向北京市场提供口感良好且价格低廉的冷饮，尤其是增加了"一元雪糕"的品种。经过多年努力，"伊利"成为北京冷饮市场上的第一品牌。

（二）迎头定位

这是一种与市场上强有力的竞争对手"对着干"的定位方式。迎头定位有时候是一种危险的战术，但不少企业认为这是一种更能激励自己奋发向上的可行的定位尝试。迎头定位一旦成功，就会取得巨大的市场优势，如可口可乐与百事可乐、肯德基与麦当劳、伊利和蒙牛、耐克和阿迪达斯、华为和苹果等。实行迎头定位，必须知己知彼，尤其应清醒地估计自己的实力。

（三）重新定位

重新定位是指企业为已在某市场销售的产品重新确定某种形象，以改变消费者原有的认识，争取有利的市场地位的活动。如某自行车厂生产成人自行车，以产品的质量优良而闻名于世。但随着轿车的普及，成人自行车销量明显下滑。为了增加销量，该企业将产品重新定位于儿童自行车市场。

重新定位可能导致产品的名称、价格、包装和品牌的更改，也可能导致产品用途和功能上的变动，企业必须考虑定位转移的成本和新定位的收益问题。

案例拓展 5-9

万宝路香烟早年被作为女士专用香烟推向市场，花费了很大的精力，销售却不理想。后来，企业改变市场定位，赋予产品男子汉形象，在广告宣传上改由牛仔等人物来强调香烟的男子汉气概，使之成为男性吸烟者喜爱的香烟。万宝路也逐步成为世界著名品牌。

四、市场定位的步骤

市场定位分为以下几个步骤：

（一）分析影响企业定位的因素

1.目标顾客对产品的评价标准

企业要明确目标顾客对该产品的各种属性的重视程度，这是市场定位的基础。顾客最为重视的或尚未满足的利益需求，可能是产品实体上的某个特性，也可能是价格、质量以及顾客的某种心理行为因素，还可能是多种因素的集合。

2.竞争者的情况

企业在进行市场定位时应该了解竞争对手的产品特点及其在顾客心目中的形象，估测其成本和经营情况，判断其市场定位及竞争优势。

3.企业的竞争优势

企业的竞争优势一般表现为两种：一是在同等条件下比竞争者价格更低，从而具有价格优势；二是可以提供更具特色的产品，更好地满足顾客需求，从而具有产品特色优势。企业产品的特色优势可以体现为服务质量、销售渠道、市场知名度、经营理念、企业文化等。

（二）确定本企业产品的个性和形象

企业通过对顾客利益进行分析，以及本企业与竞争者在产品、成本、促销、服务等方面的对比分析，结合企业的竞争优势，选择合适的定位策略，塑造出本企业产品与众不同的、给人印象鲜明的个性和形象，从而进行恰当的市场定位。

（三）准确传播企业产品的市场定位

企业在确定了市场定位策略之后，必须全力以赴地进行市场定位宣传，将产品的市场定位准确地传播给目标顾客和公众，并使这种定位与顾客的需求和追求的利益相吻合，以达到刺激顾客需求、促进产品销售和提升品牌形象的目的。

职场对接

在张磊做了一段时间的店内导购员之后，经理问了张磊几个问题：能否观察到进店的顾客成交的意向？购买山花牛奶的客户有哪些特点？顾客的年龄分布如何？张磊知道经理是在考察他对山花牛奶目标顾客的判断能力。张磊该对经理怎么说呢？

知识回顾

1.单项选择题

（1）市场细分是20世纪50年代中期美国市场营销学家（　　）提出的。

A.基恩·凯洛西尔　　　　　　　　B.鲍敦

C.温德尔·史密斯　　　　　　　　D.菲利普·科特勒

（2）（　　）差异的存在是市场细分的客观依据。

A.产品　　　　　　　　　　　　　B.价格

C.需求　　　　　　　　　　　　　D.促销

（3）某工程机械公司专门向建筑业用户供应推土机、打桩机、起重机、水泥搅拌机等建筑工程中所需要的机械设备，这是一种（　　）策略。

A.产品市场集中化　　　　　　　　B.市场专业化

C.市场全面化　　　　　　　　　　　　D.产品专业化

（4）采用（　　　）的模式的企业应具有较强的资源和营销实力。

A.产品市场集中化　　　　　　　　　　B.市场专业化

C.产品专业化　　　　　　　　　　　　D.市场全面化

（5）采用无差异性营销战略的最大优点是（　　　）。

A.市场占有率高　　　　　　　　　　　B.成本的经济性

C.市场适应性强　　　　　　　　　　　D.需求满足程度高

（6）集中营销策略尤其适合于（　　　）。

A.跨国公司　　　　　　　　　　　　　B.大型企业

C.中型企业　　　　　　　　　　　　　D.小型企业

（7）同质性较高的产品，宜采用（　　　）。

A.产品专业化　　　　　　　　　　　　B.市场专业化

C.无差异性营销策略　　　　　　　　　D.差异性营销策略

（8）企业细分出来的市场是通过营销努力能够进入的市场，这是市场细分的（　　　）原则。

A.可衡量性　　　　　　　　　　　　　B.可进入性

C.可盈利性　　　　　　　　　　　　　D.可区分性

（9）（　　　）定位，是对销路少、市场反应差的产品进行二次定位。

A.避强　　　　　　　　　　　　　　　B.对抗

C.竞争　　　　　　　　　　　　　　　D.重新

2.多项选择题

（1）市场细分的原则包括（　　　）。

A.可控制性　　　　　　　　　　　　　B.可进入性

C.反应差异性　　　　　　　　　　　　D.可衡量性

E.可盈利性

（2）产品专业化意味着（　　　）。

A.企业为各类顾客同时供应某种产品

B.有助于企业形成和发展其生产和技术上的优势

C.企业专注于某一种或某一类产品的生产，有利于形成和发展技术上的优势

D.当该产品领域被一种全新的技术所代替时，该产品销售量有大幅度下降的危险

（3）无差异性营销策略（　　　）。

A.具有成本经济性的特点　　　　　　　B.不进行市场细分

C.适宜于绝大多数产品　　　　　　　　D.只强调需求共性

E.适用于小企业

（4）企业采用差异性营销策略（　　　）。

A.一般只适合于小企业　　　　　　　　B.要进行市场细分

C.能有效提高产品的竞争力　　　　　　　　D.具有较好的市场效益

E.针对不同的细分市场采取不同的营销组合

（5）企业在市场定位过程中（　　　）。

A.要了解竞争者产品的市场定位

B.要研究目标顾客对该产品各种属性的重视程度

C.要选定本企业产品的特色和独特形象

D.要避开竞争者的市场定位

E.要充分强调本企业产品的质量优势

3.简答题

（1）什么是市场细分？市场细分的依据是什么？

（2）消费者市场的细分标准是什么？生产资料市场的细分标准是什么？

（3）市场细分可以划分为哪几个步骤？

（4）什么是目标市场？民营中小企业怎样选择目标市场？

（5）什么是市场定位？市场定位策略有哪些？

4.案例分析

案例1：大宝的市场定位

谈起大宝，不由自主地让人想起那句广告词——"大宝，挺好的"。句子虽然简单，但内涵却很深刻：第一，言简意赅，容易上口；第二，定位明了，就是针对大众；第三，强调了功能诉求，有很强的亲和力。大宝从一开始就把自己定位为"面向工薪阶层"的"高质量产品"，因此从众多的护肤品牌中脱颖而出，成功登上"名牌"的宝座。这与大宝准确的定位是分不开的。

资料来源　佚名.目标市场定位案例：大宝"挺好的"［EB/OL］.［2019-01-18］.http：//www.marketing110.com/html/show-18-73-1.html.

思考题：

（1）市场定位的方法有哪些？

（2）大宝的品牌定位居于什么样的位置？

案例2："立顿"根据顾客需求定位

来自英国的立顿红茶不仅成功地把自己的品牌输出到世界茶叶产量最高的国家——中国，而且在这个国家通过短短的5年时间就实现了茶包销售额第一、市场占有率第一的业绩神话。是什么原因让立顿能够在茶文化如此深厚的中国市场迅速发展起来呢？

立顿想要在中国市场立足，面临这样一个事实：中国历来就是茶文化大国，消费者对茶叶有较为丰富的认知。如何打入中国市场，让消费者接受一个诠释本国国粹的外来品牌，是一个大难题。

立顿解决难题的突破口就在于找准了目标消费者的定位。在进入中国市场的早期，立顿一反中国消费者心中"茶叶是中老年人悠闲生活饮品"的理念，把事业成功人士作为进入市场的突破口，由于这部分群体的消费能力以及对于洋品牌的身份认同，更容易接受外来的品牌。

随着国内外茶饮料的竞争逐步激烈，立顿逐渐将目标消费群体扩大到18岁至35岁的年轻人，具体代表为都市青年和公司白领，他们是青春时尚的先锋力量，也比较容易接受新事物和速食文化，对于立顿茶品不会有太强的抗拒心理。同时，利用这两个群体充当意见领袖，可以在中国的年轻一代中传播立顿的青春时尚理念，并借机进行口碑营销，进一步扩大消费者群体。

品牌定位的变化也需要通过包装的变化来进行有形的传递。在茶艺茶道风行的中国茶品市场上，立顿反其道而行之，以时尚、阳光、健康的形象面对年轻的中国消费者，明黄色的产品包装给消费者耳目一新的感觉。而经典的茶叶包设计避免了传统冲泡茶方法带来的麻烦和尴尬，让办公室白领泡茶更便捷；对于喝茶不是特别讲究和没有喝茶习惯、易接受速食文化的年轻人和办公室白领们来说，袋泡茶是他们的首选。

在进入中国市场之初，立顿主推的一直是经典红茶。但由于中国消费者有其特定的消费习惯和口味，当时中国茶叶市场有95%的人消费绿茶，只有5%的人在消费红茶。再加上当时是"非典"时期，人们普遍意识到喝茶可以增强体质，使得绿茶市场快速增长。

基于中国茶叶市场的消费现状，立顿对自身产品风格进行了重新定位，并借改变形象之时延长产品线，推出全新的绿茶、茉莉茶和铁观音茶等符合中国消费者口味的茶包。就这样，立顿依靠精准的目标消费者定位，以流行对抗经典，成功地占据了中国时尚茶饮市场的制高点。

资料来源　佚名."立顿"茶：根据顾客需求确立定位［EB/OL］.［2019-01-26］. http://finance.china.com.cn/roll/20130826/1757897.shtml.

思考题：

（1）立顿的目标顾客是哪类消费者？立顿的市场定位方法是什么？

（2）立顿的产品包装设计是否与其市场定位一致？

项目实训

◆ 训练目标

通过实训，学生能够正确进行市场细分，确定目标市场，进行市场定位。

◆ 训练内容

1.学生到超市、商场了解宝洁公司的洗发、护发产品及化妆品的市场细分、目标市场情况。

2.小组分析模拟公司所经营的产品，研究"谁是你的顾客"。分析你的顾客的购买行为，找准目标市场，实施市场定位，并写出"模拟公司目标市场分析报告"。

◆ **训练方法**

调查法、小组讨论法。

◆ **训练建议**

1.在市场细分的基础上，明确模拟公司的目标市场。描述模拟公司目标顾客的特点，如年龄、性别、收入、文化水平、职业、家庭情况、社会阶层、生活方式等。

2.评估模拟公司的目标市场。

3.确定模拟公司的市场定位方法和定位策略。

4.确定模拟公司市场定位的传播方式。

5.写出"模拟公司目标市场分析报告"，并使用PPT向全班汇报。

◆ **考核与评价**

1.采取资料和现场表现相结合的方式。

2.采取学生和老师共同评价的方式。

评价考核标准见表5-2。

表5-2　　　　　　　　　　　**评价考核标准表**

评价考核标准	分值
分析报告格式规范、内容完整	20
市场细分依据合理	20
目标市场选择得当	20
市场定位准确	20
组员汇报时仪态端庄、思路清晰、语言流畅	20
合　计	100

确定产品和服务

学习目标

知识目标
1.理解产品的整体概念。
2.掌握产品组合策略、品牌决策和包装策略的基本内容。
3.熟悉产品生命周期各个阶段的特点与营销策略。
4.了解新产品的概念和种类。

技能目标
1.能运用产品组合策略、品牌决策、包装策略及产品生命周期理论来指导实践。
2.能够识别产品生命周期各阶段，可以制定相应的营销策略。
3.能够运用品牌策略进行品牌营销策划。

思政目标
1.增强对国货品牌的自信心和自豪感，落实品牌强国、制造强国的战略部署，积极探索中国品牌传播新模式。
2.树立中国制造大局观，培养质量意识和企业家精神。

引导案例

在华为手机体系中，nova是一个真正的"新物种"。2016年之前，华为手机凭借Mate系列与P系列在高端市场取得了突破，但在广大用户的印象中仍将其视为偏男性和政商市场的存在。同时，中国进入成熟换机市场与消费升级带来的叠加效应，让2 000~3 000元成为用户换机需求最集中的价位（京东数据显示其占比为38.5%），OPPO的R系列和VIVO的X系列都已取得成功，华为迫切需要在这个价位区间形成自己的"连续爆款"能力。

实际上，最初华为对nova系列的定位也产生过不少争论，反对者认为距离华为主用户群太远，投入风险较大。

"最不像华为手机的nova"让华为拥有了真正与年轻用户沟通的手段，也大大加深了华为对中国最活跃年轻时尚人群的品牌影响力。华为手机产品经理何刚对《壹观察》透露了一个数据：nova系列手机国内销量占整体销量的60%左右。在未来一两年时间，nova系列的发展速度依然还会很快。如此看来，华为nova系列已经在2 000~3 000元价位站稳脚跟，得到了年轻消费者的认可。

资料来源　宿艺.专访何刚：华为"新物种"nova是如何炼成的？[EB/OL].[2019-01-30].http://tech.ifeng.com/a/20180722/45077488_0.shtml.

请思考：
1.华为不同系列手机针对的目标顾客是否一致？
2.华为不同系列手机有何差异？

任务一 了解产品及产品组合策略

企业在制定营销组合时，首先需要解决的问题就是用什么样的产品来满足目标市场的需求。产品策略是整个营销组合的基石，影响着其他营销策略的实施。

一、认识产品的整体概念

（一）产品的整体概念

产品是指提供给市场的、能满足人们需要的任何东西，既可以是有形的物品，也可以是无形的服务。它包括核心产品、有形产品、期望产品、附加产品和潜在产品，如图6-1所示。

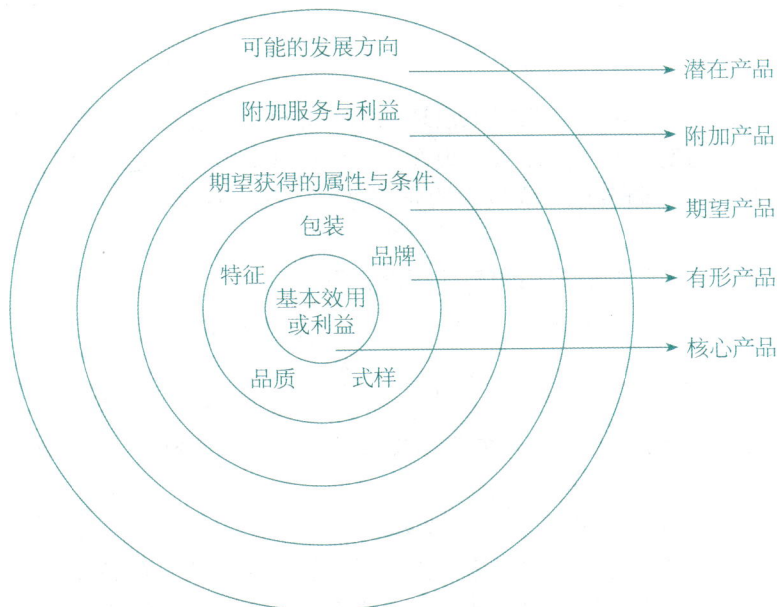

图6-1 产品的整体概念

1.核心产品

核心产品是指顾客购买产品时所追求的效用或利益，是顾客真正要买的东西。它是产品的整体概念中最基本、最重要的部分。顾客购买某种产品，并不仅仅是为了占有该产品，而是要通过该产品来获得某方面利益的满足。例如，消费者购买空调是为了调节室内温度以达到舒适的需要。一个企业只有抓住核心产品，不断更新有形产品，才能避免被市场淘汰。

2.有形产品

有形产品是核心产品得以实现的形式，又称为形式产品，由产品的品质、特征、品牌、式样、包装等有形因素构成。比如，购买的有形产品是空调的品牌、特点、颜色、外观形状等。顾客在购买过程中，除了追求产品的基本效用外，最直观的就是看产品的形式，企业要努力完善产品形式来满足顾客的需要。

3.期望产品

期望产品即购买者在购买产品时期望获得的与该产品密切相关的一组属性和条件。比如，顾客购买空调都希望空调能更省电、更方便、制冷或制热功效更强等。如果企业提供的产品能更好地超出顾客的期望，将获得顾客更大的满意度和忠诚度。

4.附加产品

附加产品又称延伸产品，是指消费者购买产品时随同产品获得的所有附加服务与利益的总和，它包括运送、安装、培训、维修等服务。比如，顾客购买空调时，可以获得送货上门、安装调试以及质量保证等服务。在竞争日益激烈的市场中，附加产品有利于企业获得顾客的青睐。企业寻求发展机会，可以通过提供更多的附加产品实现。

5.潜在产品

潜在产品包括该产品在将来可能出现的附加部分和改变部分。潜在产品指出了现有产品将来可能的发展方向。比如，现在生活中的变频空调就是由原先的定速空调发展过来的，而随着空调余热回收技术的研究进展，又出现了三位一体机（空调制冷、制热和热水）。

以上五个层次一起构成产品的整体概念，只有理解产品的整体概念，才能真正贯彻以顾客为中心的现代营销理念。

想一想

化妆品销售员说："我们卖的不是化妆品，而是青春美丽。"你认为这句话对吗？为什么？

（二）产品整体概念对市场营销的意义

（1）产品是有形和无形的综合体，企业不仅要重视产品的有形方面，也要重视产品的无形方面，因为它也是构成产品竞争力的重要因素。在现代生活中，顾客对企业产品的售后服务越来越重视，在很多情况下，它会成为顾客选择产品的决定性因素。

（2）产品整体概念的提出给企业带来了新的竞争思路。产品整体概念五个层次中的任何一个要素都可能成为与众不同的特点。企业可以通过品牌、款式、售后服务等方面的创新，取得竞争优势。

二、产品组合策略

（一）产品组合及其相关概念

产品组合是指企业经营的全部产品项目和产品线的组合。产品项目是指产品组合中每一个具体的产品品种，是产品系列中最小的构成单位。产品线是指密切相关的产品项目组成的一个产品系列，这些产品项目的原料比较接近，顾客群或销售渠道类似。产品组合涉及四个概念：产品组合的宽度、产品组合的深度、产品组合的长度和产品组合的相关度。

1.产品组合的宽度

产出组合的宽度是指企业具有多少条不同的产品线。例如，表6-1中可口可乐公司部分产品组合的宽度为3。

表6-1   **可口可乐公司部分产品组合**

项目	产品组合的宽度		
产品组合的 长度	汽水类饮料	非汽水类饮料	饮用水类
	雪碧	酷儿	冰露
	醒目	美汁源	怡泉
	芬达	健康工坊	天与地
	可口可乐	茶研工坊	水森活
	健怡可乐	雀巢罐装咖啡	纯悦

2.产品组合的长度

产品组合的长度是指产品组合中所有产品项目的总和。例如，表6-1中可口可乐公司部分产品组合的总长度为14，产品线的平均长度为4.67。

3.产品组合的深度

产品组合的深度是指产品线中每一产品项目有多少品种。例如，可口可乐有3种配方（香草味可乐、无糖可乐、经典可乐），5种规格（355ML、600ML、1.5L、2.5L、2L），则产品深度为3×5=15。

4.产品组合的相关度

产品组合的相关度是指一个企业的各个产品线在最终用途、生产条件、分销渠道和其他方面相互关联的程度。表6-1中，可口可乐公司每条产品线都是饮品，因此，可口可乐公司的产品组合具有较强的相关性。

一般来说，企业增加产品组合的宽度，有利于扩大经营范围，分散经营风险；增加产品组合的长度，可以丰富产品线，使得企业的产品线更全面，提高企业经济效益；增加产品组合的深度，可以占领更广泛的细分市场；增加产品组合的相关度，能够充分利用企业资源，增强企业的竞争力。

（二）产品组合策略

企业在进行产品组合决策时，可以根据实际情况选择不同的产品组合策略。

1.扩大产品组合策略

扩大产品组合策略包括拓宽产品组合的宽度和延伸产品组合的深度。拓宽产品组合的宽度是指增加企业的产品线，扩大经营范围，这样有助于企业分散风险；延伸产品组合的深度是在原有产品线的基础上增加新的产品项目，这有利于企业占领更多的细分市场，提高竞争力。企业在产品成长期常常运用这一策略。

2.缩减产品组合策略

企业为了避免"战线"太长、分散精力，减少不必要的投资，降低成本，使利益最大化，就必须削减那些效益差的产品线和产品项目。该策略有利于企业集中优势发展优势产品，使企业经营专业化。但是，缩减产品组合策略过于集中，也会增加企业的市场风险。衰退期的产品常使用这一策略。

3.产品线延伸

产品线延伸是指企业根据自己的需要或者市场的需求，改变全部或部分产品的市场定位，对产品线内的产品项目进行延伸，具体分为向上延伸、向下延伸和双向延伸三种方式。

（1）向上延伸：原来定位于低档市场的企业，"向上"增加高档产品项目，使企业进入高档产品市场。如果企业的产品声誉较好，根据市场需要，可以把产品线向上延伸，这样做可使企业获得更丰厚的利润，提升企业的形象，满足不同层次消费者的需要。

案例拓展6-1

我国方便面行业的著名品牌"华龙"，1994年创立之初时定位目标消费群为8亿农民和3亿工薪阶层消费者，主推零售价定在1元以下的产品，如"108""甲一麦""小康家庭"等。2003年前后，"华龙"开始向高端市场进军，推出了价位相对较高的"今麦郎"系列产品。

（2）向下延伸：企业将原来定位于高档市场的产品"向下"延伸至低档产品，拓展低端市场。当企业把产品线向下延伸，推出低档产品，扩大市场占有率时，确实可以利用高档品牌的声誉，吸引消费者。但是要注意，不要因为增加低档产品而影响原来高档产品的形象和声誉。

案例拓展6-2

我国白酒的著名品牌"五粮液"，从1994年开始在原有高档产品的基础上向中低档产品扩展，陆续推出了"五粮春""五粮醇""金六福""浏阳河""铁哥们""京酒""火爆酒""东方龙"等数十个品牌，产品线从单价四五百元的高档产品，覆盖到了一百元左右的中档产品和二三十元左右的低档产品。

（3）双向延伸：原来定位于中档市场的企业，同时朝上下两个方向增加产品项目，全面出击，既增加高档产品，又增加低档产品。企业要巩固自己的市场地位，只有在能力和条件允许的情况下才可以使用该策略，因为使用这种策略意味着要扩大投资规模，增加成本和费用。

任务二 进行品牌和包装决策

品牌和包装都是产品整体概念中形式产品的重要组成部分，也是企业产品策略的重要内容。

一、品牌决策

（一）品牌的含义

品牌是由企业独创的，用以识别卖主的产品的文字、符号、标记、图案或者它们的组合。品牌是一个集合概念，它包含品牌名称、品牌标志、商标等。

1.品牌名称

品牌名称又称"品名"，指品牌中可以用语言来表达的部分（可读部分），包括词语、字母、数字或词组等的组合，如海尔、李宁、TCL、联想等。

2.品牌标志

品牌标志又称"品标"，指品牌中可以识别但不能用语言发音的部分（可视部分），包括符号、图案或明显的色彩或字体，如小天鹅的天鹅造型、IBM的字体和深蓝色的标准色、可口可乐的红白飘带等。

3.商标

商标是用来区别一个经营者的品牌或服务和其他经营者的品牌或服务的标记（如图6-2所示）。《中华人民共和国商标法》第三条规定，经商标局核准注册的商标为注册商标，包括商品商标、服务商标和集体商标、证明商标；商标注册人享有商标专用权，受法律保护。

图 6-2 商标示例

在我国，"品牌"与"商标"常常互相通用。企业的产品品牌经过必要的法律程序成为注册商标后，企业才能获得品牌名称和品牌标识的专用权。商标注册人有权标明"注册商标"或者注册标记。

想一想

日益壮大的中国品牌，在国际舞台上亮出了耀眼的成绩单。在资讯碎片化时代，超级发达的媒介、多元的创意形式，让消费者眼花缭乱，也让企业与营销者感到前所未有的迷茫。

如何透过纷乱的表象，发掘恒久不变的创意原力，打造民族品牌？

（二）品牌的作用

随着市场及消费者品牌意识的增强，品牌已成为推动企业发展的重要的无形力量。

1.品牌对于企业的作用

（1）品牌有助于提高产品销量和市场占有率。良好的品牌知名度和美誉度，有利于企业提高产品销量，扩大市场占有率，产生良好的经济效益。

（2）品牌有助于企业新产品的开发。企业利用已有的知名品牌，扩大产品组合或延伸产品线，推出新品，可以节约开发成本和推广成本。

（3）品牌是企业的无形资产。品牌是企业重要的无形资产。企业兼并、收购、融资时，品牌被折算成具体的货币金额，作为谈判的筹码。

案例拓展6-3

家电业是制造业数字化转型的典型代表。随着物联网时代开启，数字化转型加速，中国的物联网设备数量倍速增长。

美的选择继续在硬件垂直领域深挖，凭借众多家电产品接入多个平台。美的方面透露，目前已有烟机、灶具等25个品类、超过230款产品正搭载HarmonyOS。为落地鸿蒙智联产品，美的IoT还特地组建了一支近40人的技术团队，并改造生产线，以推进产品创新。

而换道场景生态的海尔智家，则是在场景上纵横布局，通过"场景科技"，开发衣食住娱智慧家庭生活。其中，卡萨帝冰箱的"0闪缝"技术，成功将冰箱与橱柜的距离从2cm缩减为0，开启了冰箱无缝隙时代。

资料来源　新华财经. 中国制造业再居世界首位！看看华为、海尔智家都做了啥［EB/OL］.［2022-01-03］. http://www.news.cn/enterprise/20220304/1480702bf0e84886a386982ba8a2911a/c.html.

2.品牌对于消费者的作用

（1）品牌有助于消费者识别商品的来源或生产者，从而买到称心如意的商品。

（2）品牌有助于消费者获得相应售后服务。

（3）品牌有利于消费者权益的保护。如果商品出现质量问题，消费者能够从品牌商处获得更换、索赔等售后保障。

（三）品牌决策

品牌决策有以下几种决策模式：

1.品牌化决策

产品是否采用品牌，是品牌决策的第一个问题。基于产品的特征和生产者为降低成本的考虑，有些产品可能不采用品牌，如未经加工的原料（如棉花、矿砂）。但是，品牌资产的价值空间让很多企业不得不考虑采用品牌。

2.品牌归属决策

企业确定采用品牌之后，就要考虑品牌归属的问题。品牌归属有以下几种选择：

（1）自有品牌：生产者使用本企业品牌，这是很多企业普遍的做法。

（2）中间商品牌：生产者把商品卖给中间商，使用中间商品牌。一些大型零售商会对自有品牌商品进行营销。比如，沃尔玛自有品牌商品占其总销售收入的25%，这些品牌包括惠宜食品、白云卫生纸等。

（3）混合品牌：生产者的产品部分使用自己的品牌，部分使用中间商的品牌，这样既保持本企业的品牌特色，又扩大了销路。

3.品牌统分决策

无论品牌归属谁，都必须决定对所有产品是使用同一个品牌，还是不同产品使用不同的品牌，即品牌统分决策。

（1）统一品牌策略。它是指企业所有的产品统一使用一个品牌的策略。这是企业实施品牌延伸战略的结果，企业将其营销成功的品牌延伸到新开发推广的产品上。有许多企业通过实施这种战略获得了成功，如美国通用电气公司的产品都统一使用"GE"品牌。此外，松下、飞利浦、长虹都是采取统一品牌策略。

这种策略具有节省品牌设计费用、减少推广花费、降低企业营销成本的优点，并有助于新产品利用已有品牌迅速打开市场。但是，统一品牌策略也存在极大的经营风险，多种产品使用同一品牌，如果其中一种产品在市场上出现问题，就可能"殃及池鱼"，甚至危及整个品牌的所有产品。

（2）个别品牌策略。它是指企业不同产品分别采用不同品牌的策略。例如，上海家化联合股份有限公司分别采用"美加净""高夫""六神""佰草集"等商标，把不同的产品区别开来。

这种策略的好处是能较好地避免统一品牌策略蕴含的潜在风险，个别品牌出现问题时不会牵连其他产品，而且市场覆盖面较大，能满足不同顾客的需要。但是，企业的品牌多了，不仅品牌建设费用高，而且难以管理。

（3）企业名称加个别品牌策略。它是指企业不同产品分别使用不同品牌，各个产品的品牌前面冠以企业名称。

生产者在产品上既使用个别品牌，又标上企业名称或标志，这种方式既可以使产品各具特色，又充分分享企业声誉。例如，美国通用汽车公司在其不同档次的汽车上使用了不同的品牌，但同时都标上企业名称和标志，通用汽车旗下拥有雪佛兰、别克、凯迪拉克、欧宝等品牌。

（4）分类品牌策略。它是指企业对不同类别产品采用不同的品牌。该策略把需求具有明显差异的产品区别开来，以免互相干扰。比如海信家电集团股份有限公司的前身海信科龙电器股份有限公司生产的冰箱以"容声"作为品牌，空调的品牌则是"科龙"。美国的西尔斯公司，它的家用电器、妇女服饰、家居用品就分别使用了不同的品牌。

4.多品牌决策

多品牌决策，即企业对同一种产品使用两个或两个以上相互竞争的品牌。例如，宝洁公司生产的洗发、护发产品就设计了"海飞丝""潘婷""飘柔""沙宣"等品牌，并取得了令人瞩目的成效。

多个品牌相互竞争，可以激发企业活力，提高企业的经济效益；多品牌策略可使产品在进入国际市场时，解决文化和宗教差异对品牌的抵触问题，有助于产品适应不同市场的需要；多个品牌相互竞争，可以提高企业产品的总体销量，扩大企业的市场占有率。但同时多品牌策略也使得企业资源过于分散，并且带来了各品牌营销费用的大幅提升等问题，尤其是对我国的企业来说，驾驭多个品牌的难度比较大。

5.品牌延伸决策

品牌延伸决策是指将一个现有的品牌名称使用到一个新的产品上。许多企业实施这种策略获得了成功。例如，"娃哈哈"在儿童营养液获得成功后，将娃哈哈这一品牌延伸到乳酸饮料、碳酸饮料、八宝粥、矿泉水等产品上，很快就被市场认可，获利丰厚。

品牌延伸一方面在新产品上实现了品牌资产的转移，另一方面还能节省企业的营销成本，新产品利用已有品牌能很快得到消费者的认同，迅速打开市场，因而成为企业的现实选择。但是，品牌延伸也存在一定的经营风险，新产品的失败可能损害原有品牌的形象；如果把高档品牌使用在低档产品上，也可能损害原品牌的高端形象。

6.品牌重新定位决策

品牌重新定位也称再定位，是指随着企业经营环境的变化和消费者需求的变化，品牌的内涵和表现形式不断发展变化，企业选择全部或部分调整或改变品牌原有的市场定位，以适应社会经济发展的需要。品牌重新定位有以下几种决策模式。

（1）更新形象策略。更新形象策略就是指品牌表现形式不断创新，以适应消费者心理的变化，从而在消费者心目中形成新的品牌印象。从百事可乐的历史来看，百事可乐已换过12个标志，是可口可乐的2倍多，2008年花巨资改成了笑脸标志。百事可乐的标志逐渐完善，越来越青春化、年轻化，这与它的销售对象有关，说明百事可乐的标志是随时代的变化而变化的。百事可乐标志如图6-3所示。

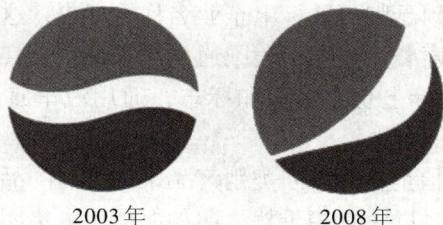

2003年　　　2008年

图6-3　百事可乐标志

拓展阅读：浅析可口可乐和百事可乐品牌定位与市场传播策略

（2）定位修正策略。企业会因外在或内在的环境变化，调整或改变自己的目标市场，自然也会引起品牌定位的修正。

案例拓展6-4

百雀羚的产品定位一直是"草本护肤"，新一轮升级版的产品定位最终被表述为：为年轻女性做草本类的天然配方护肤品，产品功能专注于保湿。新的产品定位突

出"草本"和"保湿"这两个关键词。

百雀羚找设计师重新为草本系列做包装设计、提升质感，包装材质从塑料瓶变成玻璃瓶，并使用了亚克力的复合双层盖。这样就保证了百雀羚出现在终端市场上的时候，很容易让消费者一眼就辨识出来。百雀羚的广告宣传覆盖了主流App开机广告、机场展示牌、重要纸媒整版广告等。同时，百雀羚几乎尝试了所有和年轻人有关的社交网络营销方式——微博互动、直播、热点营销，甚至在聚集了大量年轻人的二次元视频网站开设官方账号。百雀羚尝试自产营销内容，产出了《四美不开心》《过年不开心》等搞笑视频。

二、包装决策

（一）包装的含义及种类

包装是指产品的容器或外部包扎物及其装潢设计。包装是产品整体概念的重要组成部分，也是产品策略的重要内容。

商品包装包括商标或品牌、形状、颜色、图案和材料、标签等要素。根据包装在流通过程中作用的不同，包装可以分为运输包装和销售包装。

1.运输包装

它主要用于储运、装卸过程中直接保护商品，通过保护销售包装来达到保护商品的目的。运输包装必须有标识（包括识别标识、指示标识、警告标识）。

2.销售包装

销售包装不但有利于保护商品，便于储运，而且有利于经营者展示商品，有利于消费者识别、选购、携带、使用商品。销售包装的标识可用于装潢商品、刺激购买，其类型除指示、警告标识外，还有解释标识和激励标识。

（二）包装的作用

商品包装的作用主要体现在以下几方面：

1.保护商品

商品经过包装处理后，可以最大限度地减少搬运、挤压、碰撞、日晒、化学变化等带来的一些不必要的损失，达到保护商品的目的。

2.便于储运

产品的形态有气态、液态、固态等，它们的物理、化学性质各异，经过包装处理可以方便搬运，尤其是对有毒的、有腐蚀性的或易挥发、易燃、易爆产品等，必须通过特殊的包装处理才能安全地进行储运。

3.促进销售

包装也被称为"无声的推销员"，不仅能增加产品的价值，还能引起或刺激消费者购买，促进产品的销售。

4.便于使用

产品包装上通常有识别标识、指示标识、警告标识等，有的包装还附带一些使用工具。这就方便了消费者使用商品、保管商品。

（三）包装策略

1.类似包装策略

类似包装，又称产品线包装，是指企业所生产的各种不同产品，在包装上采用共同或相似的图形、色彩或其他共同的特征，便于消费者发现是同一家企业的产品。类似包装策略有利于提高企业的整体声誉、扩大影响、带动新产品的上市、促进销售、节省包装设计费用。

2.分类包装策略

企业依据产品的不同档次、用途、营销对象等采用不同的包装，如高档包装和低档包装、豪华包装和简易包装、儿童包装等。分类包装有利于消费者辨别产品的档次、品质和用途等方面的不同，不足之处是增加了包装的设计成本。

3.组合包装策略

组合包装策略是指将相关的商品组合装在同一包装物中一起销售。如把茶壶、茶杯、茶盘、茶碟包装在一起进行销售。它便于顾客配套购买商品，同时扩大企业的产品销售。

4.再使用包装策略

再使用包装策略是指包装物除了能包装商品外，在商品用完后还可以作其他用途，这样可以使消费者获得额外的使用价值，诱导消费者购买。比如饼干的铁罐盒，可以用来储存生活中的一些用品等。

5.附赠品包装策略

附赠品包装策略是指在商品包装物内附赠给购买者一定的物品或奖券，借以吸引顾客购买。附赠品包装的形式多种多样，比如一些啤酒的瓶盖上就设有兑奖标记，又如超市在节日促销时，很多商品附赠样品或其他赠品，有的则是附赠优惠券等。

6.更换包装策略

更换包装策略是指对原商品包装进行改进或更换，重新投入市场的策略。原商品声誉下降，更换包装可以重塑形象；一些商品想改变原有价格，最简单的办法就是更换原商品的包装。改变包装等同于产品创新，能够促进销售；采用新的包装材料、形式、技术，显示现有产品的特点，既可以体现消费潮流，又能够节省包装成本。

案例拓展6-5

作为知名电商，三只松鼠在短短的几年时间内就成为一个年销售额超过70亿元的领先休闲食品品牌。它的包装也别出心裁。

"三只松鼠"的包装箱以原木色为主色调，并印有松鼠的笑脸，箱子下角还配有"主人，快抱我回家！"的对话框，给人一种贴近大自然的感觉。打开包装箱，里面每一种食品都用牛皮纸袋独立包装，而且不同种类食品的包装袋上的松鼠漫画形象也不同。不仅如此，包装箱内还配有服务卡、果壳袋、湿巾、食品夹，基于用户体验至上的所有配备一应俱全。

任务三 掌握产品生命周期

一、产品生命周期及其划分

（一）产品生命周期的含义

产品生命周期是指产品从投放市场到被市场淘汰退出市场的整个过程。一个产品的市场历程就像人的生命历程一样，要经历出生、成长、成熟、衰老等阶段，典型的产品生命周期一般分为导入期（引入期）、成长期、成熟期和衰退期四个阶段。

拓展阅读：弗农的产品生命周期理论介绍

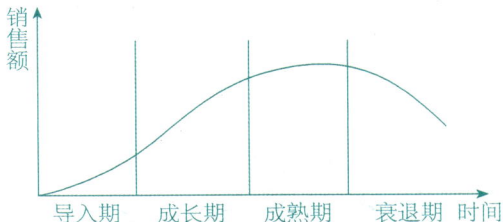

（二）产品生命周期各个阶段的划分

产品生命周期由需要与技术决定，通常以产品销量和利润的变化为标志，分为四个阶段：导入期、成长期、成熟期、衰退期，一般表现为一条"S"形的曲线，称为产品生命周期曲线。S形的产品生命周期曲线适用于一般产品的生命周期描述，是最典型的表现形态，如图6-4所示。

图6-4 产品生命周期曲线

1.导入期

新产品投入市场，便进入导入期。此时，顾客对产品还不了解，只有少数追求新奇的顾客可能购买，销售量很低。此阶段由于产品生产制造成本高、广告费用大、销售量少，企业通常没有利润，甚至亏损。

2.成长期

成长期是指顾客对产品已经了解，大量的新顾客开始购买，市场逐步扩大的时期。产品在市场上打开了销路，销量迅速上升，生产成本大幅度下降，利润迅速增长。竞争者看到有利可图，竞争产品陆续出现。

3.成熟期

成熟期是指经过成长期的发展，产品在市场上销售已经达到饱和状态的阶段。此时，产品大量生产并稳定地进入市场销售，销量和利润都达到顶峰。此阶段市场竞争最激烈，营销费用增加，价格也开始下降。

4.衰退期

衰退期是指成熟期过后，产品滞销，进入了淘汰阶段。由于竞争激烈，产品在市场上老化或者新产品出现，产品销量明显下降，利润也明显减少，企业无利可图因而陆续停止生产，直到被淘汰出市场。

（三）与产品生命周期相关的问题

1. 产品生命周期与产品的使用寿命是两个不同的概念

产品的使用寿命是指产品从开始使用到报废为止所持续的时间，而市场营销学所研究的产品生命周期指的是产品在市场上的存在时间，其时间的长短受市场需求的变化、产品更新换代的速度等多种因素的影响。有的产品使用寿命短，但它的市场寿命长，如面包、洗发水等；有的产品使用寿命长，但它的市场寿命短，如时尚服装等。

2. 产品生命周期的其他几种形态

并非所有产品的生命周期曲线都是标准的S形，还有很多特殊的产品生命周期曲线。比较常见的有以下几种：

（1）循环型（如图6-5所示）。这种类型的产品在销量到达一个顶峰后，并未顺次进入衰退期，而是又进入第二个顶峰，依次循环。一般来说，后一个顶峰的销量和时间不会高于或长于前一个顶峰。这种循环型的生命周期形态往往是企业投入大量促销费用或开发产品的更多功能的结果，这种形态的典型是医药产品。

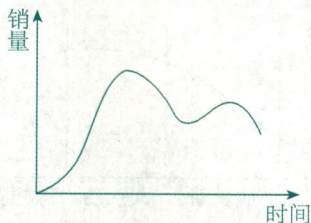

图6-5　循环型

（2）流行型（如图6-6所示）。"流行"是指在一定时期内，人们所接受的风格。流行型产品生命周期曲线的特征是上市后流行一段时间，然后慢慢下降，通常是产品刚上市时只有少数人为了显示与众不同而购买，然后一些跟风者模仿，再逐步被广大消费者欢迎，形成热潮，流行一段时间后热潮慢慢消退，最后消费者转向其他流行。例如，流行歌曲就是流行型的代表之一。

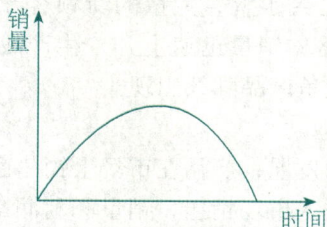

图6-6　流行型

（3）时髦型（如图6-7所示）。产品一经投放市场便立刻掀起热销高潮，销量直线上升达到顶点，然后又很快进入直线下降通道，成长快，衰退也快，其生命周期较短。例如，连体裤等产品就是如此。

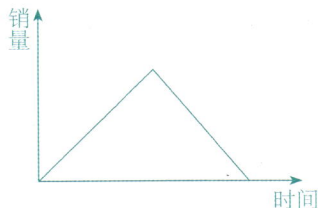

图6-7 时髦型

（4）扇贝型（如图6-8所示）。产品的销售量由一个高峰延伸到另一个高峰，不断向上攀升，生命周期不断延伸再延伸。这种生命周期形态的产品往往是发现了产品的新市场、新特征、新用途，因此能连续不断地延伸其生命周期。比如，纸的销售就具有扇贝型的特征。随着人们要求的多样化和科学技术的发展，纸的用途越来越广泛，更多地用于日常生活，相继有了纸杯、纸餐盒、装修墙纸，甚至用来建造纸质房子等。

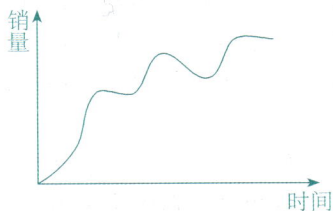

图6-8 扇贝型

想一想

手表、机械手表与"上海"牌机械表，请问哪一个的生命周期更长？

二、产品生命周期各个阶段的特点与营销策略

（一）导入期的特点与营销策略

1.导入期的特点

导入期的特点包括：（1）销量小。产品刚上市，只有极少数求新者购买，多数消费者对产品未认知、不接受，所以销量十分有限。（2）成本高。这时产品的销量很小，促销和宣传的推广费用又高，单个产品分摊的成本高，销售额增长缓慢，企业利润少甚至亏损。（3）竞争少，生产者少。竞争尚未真正开始，所以这时的竞争者较少甚至没有竞争者。（4）未建立理想的营销渠道。中间商对新产品销售前景不明，心存顾虑，不愿经营。

2.导入期的营销策略

对于导入期的产品，企业的重点是宣传介绍产品的性能、用途、质量，努力提高新产品的知名度，快速打开市场、提高销量、增加销售额、建立分销网络、占有一定的市场份额，尽快进入成长期。导入期的营销策略，重点是价格和促销两个因素的组

合运用，由此产生以下四种策略（如图6-9所示）。

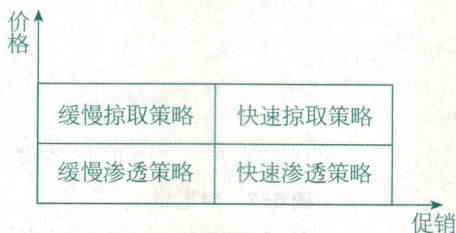

| 缓慢掠取策略 | 快速掠取策略 |
| 缓慢渗透策略 | 快速渗透策略 |

图6-9　"促销-价格"组合策略

（1）快速掠取策略，又称为高价格高促销策略，指以高价格和高促销推出新产品的策略。高价格是为了获取高额毛利，高促销的目的是快速占领市场。这一策略的适用条件包括：产品有自己的特色、具有吸引力，但其知名度不高；潜在市场容量大，消费者愿意出高价；企业面临潜在竞争者的威胁，要尽快树立品牌。

（2）缓慢掠取策略，又称高价格低促销策略，指以高价格和低促销推出新产品的策略。其目的在于减少促销费用，获取高额毛利。这一策略的适用条件包括：产品独特、新颖，并有一定的知名度；产品需求的价格弹性小；顾客了解并愿意高价购买该产品；竞争威胁比较小。

（3）快速渗透策略，又称低价格高促销策略，指用低价格和高促销推出新产品的策略。其目的是通过强大的促销攻势，以低价格争取更多的消费者，达到最大的市场占有率。这一策略的适用条件包括：产品扩大产量能有效降低成本；市场规模大；消费者不了解该产品；需求的价格弹性大，大多数购买者注重价格；市场竞争激烈。

（4）缓慢渗透策略，又称低价格低促销策略，指用低价格和低促销推出新产品的策略。低价格是为了消费者刺激购买，低促销是为了减少销售费用。这一策略的适用条件包括：产品的市场规模大；消费者了解该产品；消费者对价格较敏感；市场竞争比较激烈。

（二）成长期的特点与营销策略

1.成长期的特点

在这一阶段，顾客对该产品已经熟悉，消费习惯已经形成。产品在市场上打开了销路，销售量迅速上升。这一阶段的主要任务是保持销售量增长，树立品牌。该阶段的特征如下：（1）销售量和利润增长迅速。（2）产量大，单个产品分摊的成本大幅度下降。（3）竞争者陆续跟进，同类产品不断涌现，市场竞争日益激烈。（4）越来越多的中间商加入经销队伍，渠道不断拓展。

2.成长期的营销策略

在这一阶段，企业营销策略的核心是尽可能延长产品成长期，保持较快的增长率和市场占有率。可以采取的策略有：（1）适应市场需求，改进质量，赋予产品新特性、改变款式、修正缺陷，使产品优于同类产品，以对抗竞争产品。（2）开辟新市场，发展新的分销网络，扩大销售。（3）广告宣传的重点要突出品牌，树立企业的良好形象，培养顾客的品牌偏爱。（4）适时降价，增加销量；限制竞争者加入。

（三）成熟期的特点与营销策略

1.成熟期的特点

成熟期的产品在市场上已经达到饱和状态，销售达到顶峰后逐步呈下降趋势，其特征有：（1）销售仍在增长，但趋于平稳。（2）市场需求饱和，销量和利润达到最高点后，两者增长缓慢，企业利润开始下降。（3）行业产能过剩，产品质量和价格都趋同，竞争最为激烈。

2.成熟期的营销策略

成熟期的营销策略重点是尽量延长产品生命周期，努力提高销售增长率和利润率，其主要策略有以下几种：

（1）改进市场。开发新的目标市场，寻求新顾客。其方式有：一是发展产品的新用途，用于其他领域，吸引新老顾客使用该产品，从而延长产品的生命周期；二是开辟新市场，将产品投放到其他尚未进入的市场。例如，强生公司将婴儿爽身粉、婴儿润肤露等婴儿护肤用品扩展到成年人市场，从而扩大了市场范围，提高了销量和利润。

（2）改进产品。改进现有产品的特性，以满足消费者的不同需要，使销量获得回升。企业可以从产品的特性、质量、包装、样式等方面进行改革。例如，吉列剃须刀从"安全剃须刀"到"不锈钢剃须刀""双层剃须刀""三层剃须刀"。通过不断改进，延长了产品生命周期。

（3）改进营销组合。对产品、价格、渠道和促销四个要素进行调整，改变市场营销组合中各要素的先后次序和重点，促使销售额回升，延长产品成熟期。例如，用低价吸引消费者购买，整合销售渠道，加大广告和促销力度，从而增加销量等。

（四）衰退期的特点和营销策略

1.衰退期的特点

衰退期的产品已经不能适应市场需求，销售量不断下降，最终被市场淘汰。其主要原因是出现了更新颖的产品，消费者对该种产品已不感兴趣或者是过度竞争导致产品被淘汰。该阶段的主要特点有：（1）市场需求减少，销量和利润快速下降。（2）更新颖的产品进入市场，竞争异常激烈，价格被压到极低的水平。（3）无利可图甚至亏损，更多的竞争者退出了市场。

2.衰退期的营销策略

衰退期产品的销售和利润直线下降，营销策略有以下几种：

（1）继续策略。沿用过去的策略，仍按照原来的细分市场，使用相同的分销渠道、定价和促销方式，直到这种产品完全退出市场为止。

（2）集中策略。把企业的资源和能力集中使用在最有利的细分市场和分销渠道上，从中获取利润。这样有利于企业缩短产品退出市场的时间，同时又能为企业创造更多的利润。

（3）收缩策略。放弃无希望的顾客群体，大幅度降低促销水平，尽量减少促销费用，以增加利润。

（4）放弃策略。企业停止生产衰退期的产品，退出市场，转向生产其他产品。放弃可以当机立断停产，也可以逐步放弃。如果继续生产该产品会给企业造成更大的损失，则应当立即放弃；如果马上放弃会给企业造成更大的损失，则应逐步放弃。

我们将产品生命周期各阶段的特征和营销策略分别归纳在表6-2和表6-3中。

表6-2 产品生命周期各阶段的特征

特征＼阶段	导入期	成长期	成熟期	衰退期
销售量	低销售	快速增长	销售高峰	销售下降
单位成本	高	下降	低	回升
利润	微小或亏损	利润上升	高利润	利润下降
购买者	创新采用者	早期采用者	大众	保守者
竞争者	较少	渐多	最多且相对稳定	减少

表6-3 产品生命周期各阶段的营销策略

特征＼阶段	导入期	成长期	成熟期	衰退期
策略重心	扩张市场	渗透市场	保持市场占有率	削减产品支出，获取最大收益
营销目的	提高知名度，争取试用	追求最大市场占有率	保持市场占有率，争取利润最大化	减少支出，妥善处理超龄产品，加快产品更新换代
产品策略	有限的产品类型	提高质量，增加款式	产品多样化、差异化	逐步淘汰弱势产品、项目
价格策略	撇脂定价或渗透定价	适当调价	竞争性价格	降价
渠道策略	努力吸引批发商和零售商	选择有利的分销渠道	充分利用并扩大分销网络	排除不合适、效率差的渠道
促销策略	大力促销以吸引试用	适当减少促销	大力促销以保住经销商和消费者	降价到最低水平

三、延长产品生命周期的措施

研究产品生命周期是为了尽可能地延长产品生命周期，但并不是每个阶段的时间都要延长。导入期和衰退期不能给企业带来太多的利润，应设法加以缩短。要延长的只是其中能给企业带来较大销售量和利润的成长期和成熟期。延长产品生命周期的措施主要有以下几个：

（1）营销要素重新组合。对产品、价格、分销渠道和促销这四个要素进行综合改进，延长产品的生命周期。

（2）改进产品质量、特性、样式以吸引新的购买者，使销售量回升。

（3）开辟新市场，争取新的消费者。

（4）开发产品使用的新领域，以新用途来吸引消费者。

（5）对产品进行更新换代，使产品销售进入又一个"春天"。

案例拓展6-6

在新消费时代，李宁将体育拼搏精神与传统文化相融合，让品牌大放光彩。李宁以国潮文化为营销契机，将独具文化特色的中国水墨画、刺绣等元素融入产品设计，打造出具有中国文化特色的潮服，满足了消费者的喜好与审美，也让李宁的很多单品成为当今流行的爆款。

李宁充分将跨界、年轻化、国潮等标签融合，使国货品牌热度不断提升，成为当今消费市场上被追捧的对象。年轻消费者更是以购买与使用国货为荣，让传统国货品牌成功搭上了时代发展的"快车"，成为消费市场上的香饽饽。

任务四　了解新产品开发

一、新产品的概念及种类

（一）新产品的概念

新产品是指凡是在产品整体中任何一个部分有所创新、变革的产品。

新产品含义很广，既包括采用新技术原理、新设计构思生产设计的产品，又包括在功能或形态上比旧产品有明显改进，从而显著提高产品性能或扩大使用功能的产品，还包括从原有市场进入新市场的产品。

（二）新产品的种类

新产品是一个广义的概念，既指绝对新产品，又指相对新产品。据此，新产品可分为五种类型。

1.全新产品

全新产品是指运用新原理、新技术、新工艺、新材料生产出市场上从未有过的产品。全新产品的使用往往会改变我们的生产方式或生活方式。比如电话、计算机等产品的发明，都是当时科学家通过实验研究出来的全新产品。随着科技的发展，新产品层出不穷，不断改变着我们的生产和生活。

2.革新新产品

革新新产品是指在原有产品的基础上，采用新材料、新元件、新技术，使原有的性能有飞跃性提高的产品，属更新换代的产品。比如生活中的黑白电视机革新为彩色电视机，现在又革新为液晶电视机；手机的更新换代等。

3.改进新产品

改进新产品是指对原有产品的结构、品质、功能、款式、花色及包装进行改进，使产品具有新的特点和新的突破。改进产品不是由于科学技术的进步而导致的重大改进，只是对现有产品的品质、特点、款式、包装等作出一定程度的改进。这种改进新产品有利于提高原有产品的质量或实现产品多样化，满足消费者对产品的更高要求，或者满足不同消费者的不同需求。例如，普通牙膏改进为药物牙膏，电饭锅增加不同款式等。

4.新牌子产品

简单来说，新牌子产品就是产品有了新的牌子。新牌子产品是在多品牌策略中使用的方法，在现有产品大类中开发出新的品种、花色、规格等，从而与原有产品形成系列，扩大产品的目标市场。也有一些新牌子产品通过模仿市场上的产品进行生产，比如生活中会看到很多新牌子的洗发水、化妆品、牙膏等日化产品，饮水机、洗衣机、电冰箱等家电产品。

5.新市场产品

新市场产品是指企业的老产品进入新的市场而被新市场称为新产品，或者是将原有产品调整目标市场，进行重新定位。例如，服装产品从发达地区到落后地区后，旧款式的服装就成为落后地区的新产品。

二、新产品的开发程序

一个新产品从构思到开发成功进入市场，主要经历八个阶段。

（一）新产品构思

新产品构思是指提出新产品的创意或设想方案。产生一个好的新产品构思或创意是新产品开发的前提，企业通常可以从企业内外寻找新产品创意的来源。新产品创意有以下方法：

（1）产品属性列举法。将现有产品的属性逐一列出，寻找改良这种产品的突破点。

（2）调查法。向消费者调查使用产品时出现的问题或值得改进的地方，然后整理转化为创意。

（3）集思广益法。选择专家、中间商、企业营销人员、传媒、科研机构等专业人员进行座谈，集思广益，以发现新的创意。

（二）新产品筛选

因为不是所有的构思都是可行的，所以必须采用适当的评价系统及科学的评价方法对各种创意进行比较筛选，选出最佳的构思，力求除去不可行或可行性差的构思，选出潜在盈利大的新产品创意。

（三）形成新产品概念

新产品概念把产品设想具体化，详细地描述产品的性能、具体用途、形状、优点、价格、提供给消费者的利益等；把产品的创意转化为成品——试制，如样品试制和小批量试制。

（四）制定营销规划

形成新产品概念后，企业还要初步地规划一下新产品的营销策略。首先要描述目标市场容量、层次和消费者的购买行为，确定新产品的市场定位，制定新产品的营销目标；然后要研究新产品的定价、分销渠道以及促销策略等。

（五）新产品的市场分析

分析新产品的销售量、成本和利润以及消费者满足程度、市场占有率等情况，判断该产品是否满足企业开发的目标。如不满足，就需要对原方案进行修改或制订一个新的方案。

（六）新产品的研制

研制主要解决新产品的构思能否转化为在技术上和商业上可行的产品。样品试制成功后，要进行全面鉴定，对新产品从技术和经济上作出评价。新产品只有通过鉴定，才可进行定型生产。

（七）新产品的试销

试销就是将正式产品投放到有代表性的小范围市场上进行试验销售，以观察该产品的市场反应，然后决定是否大批量生产。试销时产品的复购率高，则表明该产品可以继续发展下去；反之，如果复购率低，那就要考虑重新设计或放弃该产品。

（八）新产品上市

新产品试销成功后，就可以大批量投产，全面推向市场。此时，企业应做好以下几方面的工作：

（1）投放时机的选择，即在什么时候将产品投入市场最适宜。针对竞争者而言，可以做三种选择：首先进入、同时进入和后期跟进。

（2）投放地点的选择，即在什么地区投放产品最适宜。企业会将自己熟悉并有一定影响力的地区作为新产品推出的主要地点，立足后，再推向其他地区。

（3）投放目标的选择，企业把分销和促销目标都放在最理想的消费者身上，一般是向该产品的率先采用者和早期采用者投放，通过他们带动其他的消费者。

（4）投放策略的确定，即企业制订较为完善的综合营销方案（如营销组合、营销预算、营销活动的组织和控制等策略），继而企业有计划地开展营销活动，成功地推出新产品。

案例拓展6-7

作为全国爱国主义教育示范基地、全国十大红色旅游景区、国家AAAA级旅游景区的四渡赤水纪念馆，以其独特的"红色"魅力吸引游客纷至沓来。2019年10月1日，景区推出了《四渡赤水出奇兵》大型真人实景演出。最近，土城还开发了青杠坡战役实战体验项目。一踏进体验园，游客不再是游客，而是青杠坡战斗中相互对峙的"红军""国民党军队"，背起行军包、扛起钢枪，跋山涉水、突袭岗哨、炸碉堡……重现历史上的青杠坡之战。实战体验项目寓教于乐，得到了业内人士的高度评价，称它是"创新红色旅游产品的先锋军"。

资料来源　周清. 习水土城：游客沉浸式体验红色文化［N］. 贵州日报，2021-04-23.

三、新产品开发的意义

（1）对消费者而言，可以满足不同的消费需求，改善消费结构，提高消费水平。

（2）对市场而言，可以增加商品品种供应，推动市场向深度和广度发展。

（3）对企业而言，开发新产品和开拓新市场是生存和发展之道。

职场对接

张磊在工作中逐渐熟悉了公司的产品、品牌及公司的新产品。他暗暗下决心，要运用产品组合的相关知识对公司的产品进行梳理，如果经理问话，他一定要有思路、有深度地回答经理的问题。你能应用产品策略的相关知识帮张磊梳理一下企业的产品状况吗？

知识回顾

1. 单项选择题

（1）核心产品实质上是顾客购买时所追求的（　　）。

A. 服务　　　　　　　　　　　　　B. 质量

C. 效用或利益　　　　　　　　　　D. 款式

（2）产品组合的宽度是指产品组合中所拥有（　　）的数目。

A. 产品项目　　　　　　　　　　　B. 产品线

C. 产品　　　　　　　　　　　　　D. 产品品牌

（3）产品生命周期是由（　　）决定的。

A. 企业与市场　　　　　　　　　　B. 需要与技术

C. 质量与价格　　　　　　　　　　D. 促销与服务

（4）处于市场不景气或原料、能源供应紧张时期，（　　）产品线反而能使总利润上升。

A. 增加　　　　　　　　　　　　　B. 扩大

C. 延伸　　　　　　　　　　　　　D. 缩减

（5）所谓产品线双向延伸，就是原定位于中档产品市场的企业取得了市场优势后，向产品线的（　　）两个方向延伸。

A. 前后　　　　　　　　　　　　　B. 左右

C. 上下　　　　　　　　　　　　　D. 以上都不对

（6）相对于 iPhone 12 而言，iPhone 13 属于（　　）。

A. 全新产品　　　　　　　　　　　B. 革新新产品

C. 改进新产品　　　　　　　　　　D. 仿制新产品

（7）企业将其产品大批量地卖给中间商，中间商再用自己的品牌将货物转卖出去，这种品牌称为（　　）。

A. 企业品牌　　　　　　　　　　　B. 混合品牌

C. 中间商品牌　　　　　　　　　　D. 生产者品牌

（8）美国桂格麦片公司成功地推出桂格超脆麦片后，又利用这个品牌及其图样特征，推出雪糕、运动衫等新产品。该公司采取的策略是（　　）。

A. 统一品牌策略　　　　　　　　　B. 个别品牌策略

C. 主副品牌策略　　　　　　　　　D. 分类品牌策略

（9）产品用过后，包装物本身还可作其他用途使用的包装策略是（　　）。

A. 相关包装策略　　　　　　　　　B. 再使用包装策略

C. 差异包装策略　　　　　　　　　D. 相似包装策略

（10）顾客对产品不是很了解，销售额增长缓慢，企业没有利润甚至是亏损，这属于生命周期的（　　）。

A.导入期　　　　　　　　　　　B.成长期

C.成熟期　　　　　　　　　　　D.衰退期

2.多项选择题

（1）企业采用统一品牌策略，（　　）。

A.能够降低新产品的宣传费用　　B.有助于塑造企业形象

C.有利于区分产品质量、档次　　D.有利于推广新产品

E.适合企业所有产品质量大体相当的情况

（2）产品组合包括的变数有（　　）。

A.适应度　　　　　　　　　　　B.长度

C.深度　　　　　　　　　　　　D.宽度

（3）快速渗透策略，即企业以（　　）推出新产品。

A.低价格　　　　　　　　　　　B.高促销

C.低促销　　　　　　　　　　　D.高价格

（4）对于衰退阶段的产品，可供选择的营销策略有（　　）。

A.集中策略　　　　　　　　　　B.继续策略

C.收缩策略　　　　　　　　　　D.放弃策略

（5）产品包装的作用有（　　）。

A.美化产品　　　　　　　　　　B.促进销售

C.增加产品价值　　　　　　　　D.保护产品

3.案例分析

美的集团的新产品品牌策略

1980年，广东美的集团有限公司的前身还只是一个小作坊。美的公司在全国电风扇大战中，率先采用塑料外壳代替金属外壳，大大降低了成本，在激烈的竞争中拼出一条生路。此时，美的在市场竞争中逐渐意识到市场需求不断发生变化，电风扇产品不应是公司的唯一产品，随着人们生活水平的提高，空调必将是其替代品，应该及早开发和生产自己的空调产品。空调是高科技产品，是高层次享受的象征，公司原来的形象显然过于落后，应当树立一个全新的形象。

于是，公司从1984年开始全面实施品牌战略。首先，从企业的名称"美的"入手。"美的"作为企业、产品、商标"三位一体"的统一名称，用于表述产品质量优和企业形象美恰如其分。美的考虑到这个名称足以涵盖各种产品、各行各业、国内国际市场。它是一种"美的事业"，其形象给社会公众和消费者以亲切感、优美感、愉悦感，并使人产生无尽的联想。其次，美的集团在沟通策略上，提高了广告和促销活动的档次，突出品位高、质量高，目标是造就名牌和名流企业形象。它除了在全国主要报刊和中央电视台做广告外，还推出了由巩俐出演的电视广告片，其核心是突出美的是以"创造完美"作为企业精神、经营理念的。美的把创造美渗透到每一个空间，

贯穿全员行动，同企业其他文化水乳交融。该集团的建筑、广告、销售、车间班组，都体现出其文化特色。

思考题：

由"美的电风扇"到"美的空调"，采用的是哪一种品牌决策？采用这种品牌策略有何好处，应该注意什么问题？

项目实训

◆ **训练目标**

通过实训，学生能够运用整体产品概念、产品生命周期理论、新产品开发理论和产品品牌、产品包装理论及技能进行产品决策，制定产品策略。

◆ **训练内容**

1.单项技能操作训练

按是否耐用，将下列商品和服务进行分类：电视机、牙膏、电冰箱、汽车、肥皂、洗衣粉、微波炉、烟酒、大米。

2.综合技能操作训练

（1）学生自由组合成一个模拟公司，每个小组为所成立的模拟公司开发新产品（这个新产品既可以是全新产品，也可以是改进新产品、换代新产品、地域性新产品，或是仿制的新品牌产品）。

（2）小组成员探讨公司新产品构思的来源。

（3）小组成员探讨公司的新产品整体概念的层次。

（4）为新产品设计品牌名称、标志。

（5）模拟公司小组成员用实物、模型、图片或PPT的形式向全班同学介绍新产品。

◆ **训练方法**

调查法、情景模拟法。

◆ **训练建议**

1.由学生自由组合成4~6人为一组的研究型学习小组，并确定小组负责人。

2.从本地市场上选择2~3个大家熟悉的产品类型作为实训的样本。

◆ **考核与评价**

1.考核与评价采取资料和现场表现相结合的方式，分为小组考核和学生个人考核两部分：

（1）从新产品的品牌名称、新产品的创意、可行性、完整性等方面进行考核。

（2）考核学生在实训过程中出勤、纪律、业绩（对团队的贡献度）、知识运用能力、协作精神、耐挫耐劳能力等方面的表现。

2.考核与评价采取学生和老师共同评价的方式。

评价考核标准见表6-4。

表6-4 评价考核标准表

评价考核标准	分值
模拟公司的组建及队员分工合理有序	10
新产品的构思富有创意	10
详细描述产品的性能、用途、形状、价格、提供给消费者的利益等	20
准确把握新产品上市的时机和上市策略	20
熟练利用PPT等向同学介绍自己开发的新产品	20
出勤、纪律表现良好	10
协作精神、耐挫耐劳能力等方面的表现良好	10
合 计	100

制定产品价格

知识目标

1. 了解影响企业产品定价的因素。
2. 理解各种常用的定价策略。
3. 掌握常用的定价方法。

技能目标

1. 能够运用不同定价方法为产品制定价格。
2. 能够在不同条件下灵活运用各种定价策略。
3. 当环境条件、营销目标发生变化时，能够适时对产品价格进行调整。

思政目标

引导学生树立价格诚信意识。

引导案例

　　随着印度智能手机市场在近年的爆发，巨大的人口红利带来的广阔市场给包括小米在内的中国厂商创造了巨大商机。

　　2016年，印度的智能手机保有量不足2亿台，印度国内尚有超过50%的用户还在使用功能机。2016年前，小米在印度和国内发布新品的时间有不少间隔；红米Note 3的印度发布时间和国内仅差了1个月，而且印度版红米Note 3还搭载了高通处理器，不同于国内版采用的联发科处理器，加上9 999卢比（约合人民币956元）的起售价，红米Note 3基本上横扫了这片市场。

　　事实上，红米Note 3也成为2016年印度市场上最火爆的一款机型。同年9月，市场调研机构Strategy Analytics统计显示，红米Note 3进入印度市场最畅销的机型前三名。

　　在国内，高性价比是小米手机最初崛起的招牌。在印度，小米复制了这一策略。据报道，2017年印度人均年收入为111 782卢比，平均每月9 315卢比。对于绝大多数的印度用户来说，一台20 000卢比的手机已经算得上是奢侈品，而5 999卢比起步的红米系列手机，自然就在价格上占据了先机。

　　资料来源　饶文怡，李竞择. 中国手机印度对决：小米是如何三年做到第一的？［EB/OL］.［2019-01-30］. https：//finance.qq.com/a/20180504/016274.htm.

　　请思考：

　　企业该如何对产品进行定价？

任务一　分析影响定价的因素

企业作为独立的商品生产者和经营者，可以自主决定商品的价格，但是这并不意味着企业可以随心所欲地制定价格。价格的制定要考虑各种内部和外部因素的影响。企业内部因素包括企业的定价目标、营销组合策略和产品成本等；外部因素包括市场需求、竞争状况和其他因素。

一、企业的定价目标

（一）以维持企业生存为定价目标

企业出现经营不善、产品大量积压、资金周转不灵的情形时，只能以维持生存、避免破产为定价目标。这种情况下，定价应尽量偏低，以便迅速减少存货，收回现金。这时，价格可以低于总成本。这是企业处于不利地位时的一种暂时的定价目标。

（二）以获取最大利润为定价目标

获取最大利润是企业从事经营活动的主要愿望。以获取最大利润为定价目标，并不等于给产品制定一个最高价格。如果定价过高，消费者承受不了，产品销路就会受阻，反而不能实现预期利润，各种替代产品和竞争者趁机进入，也会使企业失去有利的地位。企业的最大利润取决于合理的价格所产生的市场需求和销售规模。

（三）以扩大市场占有率为定价目标

市场占有率又称市场份额，是企业某种产品的销售量（额）占同一时期市场上同类产品销售量（额）的百分比。企业通常通过制定较低的价格吸引消费者，扩大销售和市场占有率。

（四）以适应价格竞争为定价目标

价格竞争是市场竞争的重要方面。处于激烈竞争市场中的企业常常以适应价格竞争为定价目标。

当企业试图通过定价去应对竞争时，为对抗竞争对手，常常采用低价作为竞争手段。例如，洋快餐华莱士在价格上长期走平价优惠路线，以低于肯德基、麦当劳的价格进入市场，在市场上争得了一席之地。

（五）以争取产品质量领先为定价目标

企业的目标是以高质量的产品占领市场，这就需要实行"优质优价"策略，以高价来保证高质量产品的研发成本和生产成本。以此为定价目标的企业，往往制定一个较高的产品价格，产品在消费者心目形成较高的声誉，消费者的求名心理获得了满足。

二、产品成本

成本是影响产品价格的基本因素，产品的最低价格取决于产品成本。产品的价格只有高于成本才能产生利润，成本的高低直接影响价格的高低。产品成本是企业定价的底线，以成本为导向的定价方法至今仍被很多企业采用。

（一）固定成本

固定成本是指在一定的生产规模范围内，不随产量或销量的变动而变动的成本，如固定资产折旧费、企业管理费用、销售费用等。

单位固定成本是固定成本总额除以产量或销量，所以它的数值往往与产量或销量成反比例关系。

（二）变动成本

变动成本是指随产量或销售量的变动而变动的成本。变动成本往往是产品的直接成本，如原材料、燃料、辅助材料、生产工人工资、水电费等。

单位变动成本是总变动成本与产量或销量之比，如果总变动成本与产销量成正比例关系，那么单位变动成本在一定范围内会是一个常量。

（三）总成本

总成本是固定成本与变动成本之和。一般情况下，产品的价格要能够弥补其总成本。当产量为零时，总成本等于未开工时的固定成本。

平均总成本是总成本与总产量之比，是单位产品所包含的成本。

（四）边际成本

边际成本是指在一定的产量上，再增加一个产品的生产所增加的成本。由于生产者所关心的是找到一个能获得最大利润的产量，故企业对产量变动所发生的新增成本比对平均成本更为重视。企业可根据边际成本等于边际收益的原则来确定获取最大收益的产量。

三、市场需求

成本决定了产品价格的下限，而产品价格的上限则取决于市场需求。市场需求状况是影响企业定价的最重要的外部因素，它决定产品价格的最高临界点。

（一）供求关系

对于一般产品，在其他因素不变的情况下，产品的供给量随价格的上升而增加，随价格的下降而减少。

价格也会影响市场需求。一般情况下，市场需求和价格呈相反的方向变动。价格提高，市场需求就会减少；价格降低，市场需求就会增加。但是也有例外情况，如名牌手表提价后，其销售量却有可能增加，因为消费者认为较高的价格代表更好或更理想的手表。

（二）需求的价格弹性

需求的价格弹性，简称需求弹性，指因价格变动而引起的需求量变化的程度。需求弹性的大小用需求弹性系数来表示：

需求弹性系数=需求量变动的百分比÷价格变动的百分比

用公式表示为：$Ed=（\Delta Q/Q）/（\Delta P/P）$

式中：Ed表示需求弹性系数；Q表示产品的需求量；P表示产品的价格；ΔQ表示需求量变动值；ΔP表示价格变动值。

需求弹性系数表示价格每变动1%，会引起需求量变动的百分数。由于价格和需求量一般呈相反方向变动，需求弹性系数为负数。在应用时，取其绝对值。需求弹性系数有三种情况：

（1）Ed>1，需求弹性大，表示价格变动会引起需求量的大幅度变化。

这一类产品如果价格变动为1%，那么需求量变动将超过1%。在这种情况下，需求量变动的比率大于价格变动的比率。奢侈品，如汽车、珠宝、国外旅游等属于这种情况。价格下降时，需求量（销售量）增加的幅度大于价格下降的幅度，企业采取低价销售较有利。这个结论可以解释"薄利多销"这类现象。

（2）Ed<1，需求弹性小，表示价格变动会引起需求量微小的变化。

这一类产品如果价格变动1%，那么需求变动会小于1%。在这种情况下，需求量变动的比率小于价格变动的比率。生活必需品，如粮食、蔬菜等属于这种情况。对其定价时，较高水平的价格往往会增加盈利，低价对需求量刺激的效果不明显，薄利并不能多销。这个结论可以解释"谷贱伤农"。

（3）Ed=1，需求为单位弹性，表示价格变动引起需求量相同幅度的变动，是等比例变动，对需求量不会产生较大的影响。

这一类产品如果价格变动1%，那么需求变动也为1%，即价格变动幅度与需求量变动幅度大小一致，方向相反，总收入不变。企业不宜采用价格手段进行竞争。这类产品无论提价或降价，销售额都不会有明显变化。

四、市场竞争状况

市场竞争是影响企业定价不可忽视的因素。企业无论规模大小，对于竞争者的价格都很敏感。在竞争激烈的市场上，企业必然会考虑市场竞争状况，竞争者的价格可以作为参照物。企业定价时，必须充分了解竞争者的产品价格，如果产品类似，那么价格也就大体接近。一般来说，质优则价优，低质则低价。

五、企业的营销组合策略

价格是反映产品市场定位的主要因素，价格决定了产品的目标市场及消费者。由于价格是营销组合的因素之一，所以，定价策略需要与产品的整体设计、分销和促销策略相匹配，形成一个协调的营销组合。其他营销组合因素的决策，要与定价策略相一致。许多日本企业通常是先制定价格策略，然后根据价格策略制定其他的营销组合策略。

除此之外，企业定价时还必须考虑其他因素，如政府的有关政策法规、国内外的经济形势、消费者的心理等。

想一想

　　中国电商行业的迅速发展导致整个快递市场竞争日趋激烈。在这场"你死我活"的竞争中，最吃亏的还是快递员。有快递员表示，自己最开始能拿到1.8元/单，可现在只能拿到1.4元/单，然而可能遭遇的罚款每次就要200元。

　　2021年7月，针对现阶段大部分快递员收入较低、社会保障度不完善、社会认可度不高等情况，中央七部委发布了《关于做好快递员群体合法权益保障的工作意见》，从根本上提升快递员的合法权益。为了响应国家政策，中通率先宣布全网快递末端派送费每单上涨0.1元。紧接着，申通、圆通、韵达、百世、极兔5家公司也均公布了上调相同的末端派送费的消息。0.1元的派送费涨幅不大，但是按照快递员人均每天200单来算，一个月至少能增加500元收入。

　　政府的政策文件对快递市场有什么影响？

任务二　选择定价方法

企业定价是一项十分复杂而又难以准确掌握的工作。任何企业都不能凭感觉随意定价，必须慎重考虑，科学定价。产品价格的高低受到市场需求、成本费用和竞争情况等因素的影响，因此企业制定价格时应全面考虑到这些因素。产品成本是定价的下限，消费者对产品价值的感受是定价的上限。企业应根据竞争者的价格及其他内在和外在因素，在这个区间确定最适当的价格。

企业定价有三种方法，即成本导向定价法、需求导向定价法和竞争导向定价法。

一、成本导向定价法

（一）成本加成定价法

成本加成定价法是指按照单位产品成本加上一定比例的加成率来定价，包括完全成本加成定价和进价加成定价。完全成本加成定价的计算公式为：

产品价格=单位完全成本×（1+加成率）

式中：加成率为预期利润占产品成本的百分比；单位完全成本是单位变动成本与平均分摊的固定成本之和。

【例7-1】某服装厂服装的预计销售量是 10 000 件，固定成本为 20 000 元，每件服装的可变成本为 38 元，加成率是 20%，每件服装的价格为：

产品价格=单位完全成本×（1+加成率）
　　　　=（38+20 000÷10 000）×（1+20%）
　　　　=48（元）

进价加成定价的计算公式为：

产品售价=进货价格÷（1-加成率）

企业一般根据某一行业的习惯来确定加成率。不同商品、不同行业、不同时间、不同地点的加成率是不同的。

想一想

成本加成定价法有何利弊？

（二）盈亏平衡定价法

盈亏平衡定价法是应用盈亏平衡原理进行的保本定价方法。盈亏平衡点又称保本点、分界点，企业产品销售量达到此点时，可实现收支平衡。

在盈亏平衡点，有以下关系：

总收入=总成本

式中：总收入=价格×销售量

总成本=固定成本+单位变动成本×销售量

价格×销售量=固定成本+单位变动成本×销售量

盈亏平衡点销售量=固定成本÷（价格-单位变动成本）

保本价格=固定成本÷盈亏平衡销售量+单位变动成本

当企业的产量达到盈亏平衡点时，企业不盈不亏，收支平衡，保本经营。

【例7-2】某企业经营男士运动服，应摊固定成本为20 000元，每件男士运动服进价为140元，销售费用为10元，即每件男士运动服的变动成本为150元。不考虑其他因素，若该企业每年预期销量为1 000件，那么每件男士运动服售价定为多少时，企业才能保本？

盈亏平衡点价格=（20 000÷1 000）+150=170（元）

如果每件男士运动服定价为170元，企业就能做到收支相抵，不盈不亏。

如果该企业采用与竞争者同样的价格200元出售该产品，则该企业收支相抵，不盈不亏的销售量为：

保本销售量=20 000÷（200-150）=400（件）

每件男士运动服售价为200元时，只需出售400件就能保本。

这种定价法的优点是一旦价格确定，企业就能明确知道损益数量，做到心中有数；其缺点是忽略了市场动态。

（三）边际贡献定价法

这种定价法又称为变动成本定价法，是指按照单位变动成本加上单位边际贡献来定价。

产品价格=单位变动成本+单位边际贡献

或者　产品价格=（变动成本+边际贡献）÷产品销量

边际贡献是指预计的销售收入减去变动成本后的收益。因为在生产能力之内，无论企业生产产品数量多少，所发生的固定成本都是一样的。

【例7-3】在【例7-1】中，企业生产10 000件服装，固定成本是20 000元，每件衣服的可变成本是38元。此时，如果同类产品的市场价格是39元，那么企业如果仍然定价48元出售其产品，可能会因无销路而停产，造成更大的损失。假如以10 000元的边际贡献定价，则：

产品价格=（可变成本+边际贡献）÷产品销量
　　　　=（38×10 000+10 000）÷10 000
　　　　=39（元）

企业以39元的价格出售产品，其边际贡献10 000元可以补偿一半的固定成本损失。显然，边际贡献定价只是一种为了应付市场的特殊变化而采取的定价方法，是产品供过于求时企业不得已采取的定价方法，这种做法只能短期使用。

二、需求导向定价法

需求导向定价法是一种以市场需求强度及消费者对价格的感受为主要依据的定价方法。需求导向定价法包括理解价值定价法和后向推算定价法。

（一）理解价值定价法

这是指企业根据消费者对商品价值的理解（即消费者的价值观）来定价。

消费者对商品价值的理解，是基于自己对产品的功能、效用、质量、档次等多方面的印象，以及对市场行情和同类商品的了解，结合购物经验，而对价格作出的判断，其实质是商品的效用价格比。

运用这种方法的关键包括：

（1）运用各种营销策略影响和提高消费者对商品的认知价值，特别是同竞争对手的同类商品比较而言的认知价值。

（2）获得消费者对有关商品价值理解的准确资料。企业如果过高估计消费者的理解价值，价格定得过高，会影响商品的销量；反之，如果企业低估消费者的理解价值，定价低于应有的水平，可能会因此减少收入。

【例7-4】美国凯特皮勒公司运用理解价值定价法，通过对比说明，将其拖拉机以每台比其他竞争者的同类商品高出10 000美元的价格出售，销售数量不但未见减少，反而大增。该公司是这样说明的：

我们的拖拉机与竞争者的商品质量相同，应定价为90 000美元。

因耐用性高于竞争者的商品，应加价7 000美元。

因可靠性高于竞争者的商品，应加价6 000美元。

因维修服务好，应加价5 000美元。

因保证零部件供应期限，应加价2 000美元。

我们每台拖拉机：

总价值：110 000美元

减去折扣：10 000美元

最终价格：100 000美元

该公司通过模仿购买者的决策过程（对比和计算），让购买者确信该公司每台拖拉机的真实价值是110 000美元，而不是100 000美元。因此，将价格定在100 000美元，实际上是给了购买者10 000美元的折扣。这适应了购买者的购买决策心理，使购买者觉得物超所值。

（二）后向推算定价法

后向推算定价法是指企业依据消费者能够接受的最终销售价格，逆向推算出产品的批发价、出厂价。这种定价方法不以实际成本为主要依据，而是以市场需求为定价出发点，力求使价格为消费者所接受。

【例7-5】某市场可以接受的运动鞋的零售价格是100元，其中零售商的毛利是40%，零售商的成本就是60元，减去批发商15%的毛利9元（60×15%），批发商的进货成本是51元，减去运费和税金5元，那么产品的出厂价是46元。

三、竞争导向定价法

这是指企业依据竞争对手的产品价格来确定自己的产品价格。竞争导向定价法包括随行就市定价法、投标定价法和拍卖定价法。

（一）随行就市定价法

随行就市定价法就是企业按同行业的现行平均价格或市场行情来定价。

随行就市定价法可以保证企业获得平均利润；各企业价格保持一致，易于与同行业竞争者和平相处，避免价格战，有利于整个行业的稳定发展；容易被消费者接受，从而保证产品销路，是一种较为稳妥的定价方法。

（二）投标定价法

投标定价法是指卖方在买方的招标期限内，通过对竞争对手报价的估计来制定相应竞争报价的方法。投标定价法主要用于建筑施工、产品设计和政府采购等方面。企业参加投标的目的是中标，所以它的报价应低于竞争对手的报价。一般来说，报价高，利润大，但中标机会小；报价低，中标机会大，但利润低。运用这种方法的关键是测定不同报价水平下的中标概率。

（三）拍卖定价法

拍卖定价法是指卖方委托拍卖行，以公开叫卖的方式引导买方报价，利用买方竞争求购的心理，从中选择高价格成交的一种定价方法。这种方法历史悠久，常见于出售古董、珍品、高级艺术品、土地或大宗商品的交易中。

想一想

习近平总书记在 19 日上午参加了党的十九大贵州省代表团讨论。六盘水市盘州市淤泥乡岩博村党委书记余留芬发言时说，村里面通过发展村集体经济，走共同富裕的道路，2013 年办了一个酒厂，一瓶酒卖 99 元。习近平说，99 元的价格也不便宜，酒的价格不在于贵，太贵的酒不一定卖得好，要按市场定价。

资料来源　申勇，爱民，胡玮，等. 习近平：价格要听市场的［EB/OL］.［2021-02-05］. https：//www.sohu.com/a/199822343_115239.

如何理解按市场定价？

任务三　制定定价策略

一、新产品定价策略

企业开发的新产品能否及时打开销路、占领市场并获得满意的利润，定价是关键。常见的新产品定价策略有撇脂定价策略、渗透定价策略、满意定价策略三种。

（一）撇脂定价策略

撇脂定价策略是指在新产品上市初期制定较高的价格，以便在较短时间内获得最大化利润的一种定价策略。

1.采用撇脂定价策略的条件

（1）新产品有显著的优点，能使消费者"一见倾心"。

（2）产品的需求价格弹性较小。

（3）类似仿制品少，竞争对手在短期内不易进入该市场。

2.撇脂定价的优点

（1）新产品刚刚上市，竞争者还没有进入，利用顾客求新的心理，以较高价格刺激消费，开拓早期市场。

（2）由于价格较高，因而可以在短期内取得较丰厚的利润。

（3）定价较高，在竞争者大量进入市场时，可以主动降价，增强竞争能力，同时也符合顾客期望价格下降的心理。

3.撇脂定价的缺点

（1）由于定价过高，高价难以扩大市场占有率。

（2）高价厚利会吸引众多的竞争者，形成市场竞争格局。

案例拓展7-1

第二次世界大战期间，绅宝公司以制造战斗机而闻名。此后，绅宝利用自己的技术力量，按照制造飞机的高要求，生产了一种小型、廉价、注重驾驶乐趣的汽车。1979年起，绅宝汽车公司推出了新的SAA900型涡轮增压型车，价格是每辆20 000美元（凯迪拉克一般也就这个价）。广告强调它是高性能、新款式、独特形象、独一无二的高级车，而且可以提供给消费者想要的各种高级设备。加上适当的促销和销售渠道策略，有钱人对绅宝汽车产生了强烈的购买欲望。这种产品价格策略取得了巨大的成功。绅宝车1983年在美国的销售量超过25 000辆，市场出现供不应求的局面。有些经销商甚至以拍卖方式将车出售给出价最高的人。这一年，绅宝汽车销售增长率为42%，成为汽车行业中销售增长率最高的公司。

资料来源　佚名. 企业的价格争霸术［EB/OL］. ［2018-06-16］. http: //www.21gwy.com/lunwen/scyx/a/9104/PageGwy1_189104.html.

（二）渗透定价策略

渗透定价策略是指在新产品上市初期制定较低的价格，以便打开和占领市场的一种策略。

采用渗透定价策略的条件是产品的市场规模较大，存在着强大的市场潜力；产品的需求价格弹性较大，稍微降低价格需求量就会大幅增加，通过大批量生产能降低生产成本。

渗透定价策略的优点是企业能迅速打开新产品的销路，提高产品的市场份额，通过提高销售量来获得利润。同时，低价低利对阻止竞争对手的介入有很大的屏障作用。这种方法的缺点是投资的回收期较长、见效慢，一旦渗透失利，企业就会一败涂地。

案例拓展7-2

北宋年间，都城开封有一家兴隆堂，该商家推出一种秘制调料，被称为"十三香"。由于气味独特，配方在兴隆堂的老板王氏家族中一代代流传下来。20世纪50年代，王守义从祖父手里继承了这一秘方。改革开放之后，60岁的王守义开始贩卖十三香。他的十三香配料品质很好，一包才要一毛钱，价格公道，很多人用了他的配料，做的菜都鲜美了许多。

2015年，王守义集团年产各种调料5.3万余吨，销售额达到16亿元。令人惊讶的是，1 000克的十三香调料利润为2元，每小盒十三香是40克装，相当于每盒产生利润只有8分钱！

（三）满意定价策略

满意定价策略是一种介于高价和低价之间，既能保证企业的合理利润，还能为消费者所接受的定价策略。

满意定价策略对企业和顾客都较为合理，由于价格比较稳定，在正常情况下盈利目标可按期实现。其缺点是定价比较保守，不适用于竞争激烈或复杂多变的市场环境。这一策略适用于需求价格弹性较小的产品，包括重要的生产资料和生活必需品。

上述三种新产品定价策略各有利弊，具体运用时，应根据企业的实际情况，如市场需求特征、产品差异性、预期收益、消费者的购买能力和其对价格的敏感程度等因素，综合分析，灵活选择。

案例拓展7-3

苹果公司2018年秋季发布会已经结束，新款iPhone确实提升不大，能引起人们兴趣的新功能似乎也没有——除了价格。吐槽iPhone变贵了是发布会结束后的主旋律，（除芯片外）并没有显著提升的XS和XS Max价格继续走高，XS Max 512GB甚至卖到了12 799元；而被吐槽单摄、大果粒、跑马边框的iPhone XR，64GB版本起售价也达到了6 499元。

众所周知，苹果仍是最盈利的智能手机品牌，2018年第二季度，苹果拿下了市场62%的利润。但过去这个数据离谱——2017年第四季度，苹果占到了整个行业利润的86%，iPhone X一款手机就占到了整个行业利润的35%。苹果一直走的就是高利润率路线，这是苹果的生存之本。尤其是苹果作为消费数码市场的领导者，就更有资格和底气去继续抬高产品的价格。

资料来源 虎嗅APP.一部iPhone售价过万元，是被国产厂商"逼"的？［EB/OL］．［2019-01-30］．http：//www.myzaker.com/article/5b9f894e7f780b4232000009/.

思考：苹果公司采取的是什么定价策略？这种定价策略要成功需要具备哪些条件？

二、心理定价策略

心理定价策略是依据消费者在购买产品时的不同心理要求来制定价格，以诱导消费者增加购买，提高产品销售量。这种定价策略在零售企业中应用比较多，具体包括以下六种：

（一）尾数定价策略

它是指企业在制定产品价格时以零头数结尾。据调查，消费者认为非整数价格如9.98元、19.50元、198元等，是经过精确核算的价格，容易产生安全和信任的感觉，满足了消费者求廉的心理。例如，小米公司曾将中低端产品红米2A定价为499元，华为公司曾将中低端产品荣耀畅玩4X定价为799元。

（二）整数定价策略

在定价时，把产品的价格定成整数，可以提升产品的形象。这种策略主要适用于高档消费品或消费者不太了解的某些产品。例如，一套环绕音响的定价为9 000元，而不是8 998.98元。

（三）声望定价策略

声望定价策略是指根据消费者优质优价的心理和产品在消费者心目中的信誉和声望制定价格的策略。这种定价策略适用于那些具有悠久历史的知名产品、名牌产品等。

（四）习惯定价策略

它是指按照消费者的习惯价格定价。有些产品在消费者心目中已经形成了一个习惯价格，该价格稍有变动，就会引起消费者不满。若提价，消费者容易产生抵触心理；若降价，会被认为降低了质量。因此，企业宁可在产品的内容、包装、容量等方面进行调整，也不采用调价的办法。

（五）招徕定价策略

招徕定价是指零售商利用部分顾客的求廉心理，特意将某几种产品的价格定得较低以吸引顾客。例如，北京华联超市每周都会推出特价商品，通过促销黄页引起消费者的兴趣。每天早晨在商场门口都会有许多顾客等着开门购买特价品。当他们从超市走出来的时候，购物车里不仅有特价商品，还有正价商品。

（六）分级定价策略

在定价时，把同类商品分为几个等级、档次，不同等级、档次的商品，价格有所不同。这种定价策略能使消费者产生货真价实、按质论价的感觉，因而容易被消费者接受。采用这种定价策略，等级、档次的划分要适当，级差不能太大或太小，否则起不到应有的分级效果。

案例拓展 7-4

有一对夫妇，收入水平并不高，却很在意生活的格调。有一天，他们在电视上看到一个作为广告背景的古玩钟，立刻就被吸引了。夫妻俩都认为这个古玩钟是家里客厅角落最合适的摆设。在后来的两个月的时间里，夫妻俩跑遍了市内各大商场、钟表店，但始终没有发现那款古玩钟。

一个家具巡回展出的海报让夫妻俩看到了希望，开展的那一天，夫妻俩便欣然前往。一进展厅大门，那款令夫妻二人梦寐以求的古玩钟赫然进入他们的视野，钟上摆放的价签标着 1 800 元，望着那款钟，妻子两眼发直，她催促丈夫赶快去买下来，免得被人横刀夺爱。一向稳重的丈夫捏了捏妻子的手说："别着急，要冷静。看我的！"他走到那款钟前面，用挑剔的眼神打量了一番，说："瞧这灰，一看就知道无人问津。标那么高的价，卖得出去吗？这样式……"

老板抬了抬眼皮，说："要么说值钱呢，那灰都是清朝的，货真价实。"丈夫又说："别逗了，就这破玩意，唬我啊！还是我捧你个场，开个张吧，500 元，怎么样？"丈夫嘴硬，但心里发虚：求你还个价，别把话说绝赶我走……

谁知意想不到的事情发生了。只见那老板眼皮都没抬，从嘴里挤出两个字："拿走！"夫妻俩当时的反应是这钟一定有毛病，不然不可能连个价都不还，还以这么低的价格出货。他们恨不得拿放大镜来挑毛病，但始终没有找到不买的理由。他们将钟搬回家来，那钟自然恪守着准时的职责，但这丝毫没有去掉夫妻俩的这块心病。他们每天面对这钟，百思不得其解：那老板为什么不还价，为什么我们买的钟会离标价相差那么远，这钟究竟有什么缺陷，我们买这钟是赔了还是赚了……

资料来源　佚名. 商务谈判与推销技巧课程试题库［EB/OL］.［2018-12-07］. http：//wenku. baidu.com/view/54d6711bb7360b4c2e3f6422.html.

思考：如果你是老板，你怎样提高顾客的购后满意度呢？

三、折扣定价策略

折扣定价策略是利用各种折扣和折让吸引经销商和消费者，促使其积极经销或购买本企业的产品，从而扩大销售、提高市场占有率。常见的折扣定价有以下几种形式：

（一）数量折扣

数量折扣是指企业给大量购买产品的顾客价格方面的优惠。购买量越大，折扣越大，以鼓励顾客大量购买产品。这是运用得较广的一种折扣定价策略。数量折扣又分为以下两种形式：

（1）累计折扣，指在一定时期内，购买产品累计达到一定数量所给予的价格折扣。采取这种策略，可以鼓励顾客经常购买本企业的产品，与顾客建立长期关系。这种策略在批发及零售业中经常采用。

（2）非累计折扣，指每次购买达到一定数量或一定金额就给予价格折扣。采取这种策略，可以鼓励顾客大量购买产品，从而增加利润。例如，一次购买产品50个单位以下，单价20元；购买50～100个单位，单价18元；购买100个单位以上，单价16元。

（二）现金折扣

企业为了加速资金周转，在价格方面给现金付款或提前付款的顾客一定的优惠。例如，某企业规定，提前10天付款的顾客，可享受1%的价格优惠；提前20天付款的顾客，可享受2%的价格优惠。运用现金折扣策略，可以有效地促使顾客提前付款，从而盘活资金，降低企业的资金占用风险。

（三）季节折扣

季节折扣是指企业为鼓励买主提早采购或在淡季采购而给予的一种价格折让。企业采用季节折扣策略，可以促使中间商提早进货，消费者提前购买，减少过季商品库存，加速资金周转。例如，冬季购买电风扇、夏季购买电暖炉等都可给予一定的价格折扣。

（四）交易折扣

交易折扣，又称功能性折扣，是生产企业根据中间商在商品流通中的不同作用给予的价格折扣。

四、差别定价策略

差别定价策略是指企业在给产品定价时，根据消费者不同的需求强度、不同的购买力、不同的购买地点和不同的购买时间等因素，采取不同的价格。

（一）价格因顾客而异

对不同的消费者，可以采用不同的价格。例如，对老客户和新客户采用不同的价格，对老客户给予一定的优惠；同一产品卖给批发商、零售商或消费者时采用不同的价格等。

（二）价格因产品式样而异

同一产品，由于式样不同，虽然成本相同，价格也可以不同。

（三）价格因时间而异

例如，旅游宾馆、饭店在旅游旺季和淡季的收费标准不同；滴滴网约车在北京大部分地区被分为四个不同计价时段，分别采取不同的单位价格。

（四）价格因地点而异

例如，同一地区或城市的影剧院、运动场、球场、游乐场等因地点或位置的不同，价格也不同。

案例拓展7-5

近年来，我国居民人均可支配收入稳步提升，国内洗碗机市场迎来快速发展势头。按照清洁方式，洗碗机分为蒸汽式、喷淋式和超声波式。其中，喷淋式产品清洗效果较好，价格为 3 000~5 000 元；蒸汽式洗碗机先通过蒸汽使污染物软化再进行清洁，消毒效果较好，价格为 2 000~4 000 元；超声波式洗碗机能耗少、噪声小，可清理大量餐具，价格达上万元。洗碗机市场已经不同于最初"统一高价"的局面，发展出了层次分明的价格体系，满足了不同消费人群的需要。

五、价格调整策略

（一）价格调整的原因

1.企业降价的原因

（1）减少库存资金占用。为了解决企业对资金的迫切需求，尽快回笼资金，企业经常会将积压的存货降价处理。例如，每当季节更替时，服装企业常常会降价处理服装。

（2）行业及企业的生产能力过剩，形成了供大于求的市场局面。当产品的利润过大，吸引大量厂商进入市场时，会使供给大量增加。另外，如果产品进入衰退期，替代品的出现会使得消费者的需求减少。为了收回投资或是延缓产品进入衰退期，企业会通过降低价格来刺激消费者的需求。

（3）应对价格挑战，保持市场份额。企业在竞争对手降价或者新加入者增多的强大压力下，会以降价方式来维持和扩大市场份额。例如，在中国的彩电市场上，当"长虹"率先将彩电价格下降30%时，"康佳""TCL""海信"等企业为了守住市场份额，不得不采取降价措施，从而引发了中国彩电市场的价格大战。

（4）成本优势。企业由于某些生产及管理技术的革新而降低了成本，获得了成本优势。为了利用这一优势扩大销售额及市场份额，企业会主动降低价格。

（5）宏观政治、法律、经济环境的影响。政府为了保护消费者，控制某个行业的利润，会通过政策和法令限制这个行业的利润率，从而导致该行业中产品价格的下调。例如，国家出台一系列的政策措施抑制高房价。

2.企业提价的原因

（1）成本上涨。成本上涨的原因可能来自企业内部（如企业生产及管理问题导致总成本增加），也可能发生在整个行业中（如行业的原材料价格、工资费用上涨）。

（2）通货膨胀。由于通货膨胀，货币贬值，使得产品的市场价格低于其价值，迫使企业不得不通过涨价的形式来减少因货币贬值造成的损失。

（3）产品供不应求。企业碰到产品供不应求的情况时，就可能提价，这不但能平衡供需，还能使企业获得高额利润。

（4）改进产品。企业为了补偿改进产品过程中支付的费用和显示其产品的高品质而提高产品价格。

（5）竞争策略的需要。有的企业涨价，并非出于前几个原因，而是由于竞争策略的需要，以产品的高价格来显示产品的高品质。

（二）价格调整的方式

1.调低价格的方式

（1）增加附加产品。在价格不变的情况下，企业实行送货上门或免费安装、调试、维修以及免费提供技术培训等。

（2）改进产品的性能，提高产品的质量。在价格不变的情况下，这实际上等于降低了产品的价格。

（3）实行价格折扣，如数量折扣、现金折扣、补贴等。

（4）营业推广。在其他条件不变的情况下，向购买商品的顾客馈赠礼品，如玩具、工艺品等。赠送礼品的费用应从商品价格中补偿，这实际上也等于降低了商品的价格。

2.调高价格的方式

（1）公开真实成本。这是指企业通过公共关系、广告宣传等方式，把产品的各项成本上涨情况真实地告诉消费者，获得消费者的理解。

（2）提高产品质量。为了减轻顾客因涨价而感受到的压力，企业在产品质量上应多努力，使消费者认识到，企业在提供更好的产品，索取高价是应该的。

（3）增加产品分量。在涨价的同时，增加产品供应分量，使顾客意识到产品分量增加了，价格自然要上涨。

（4）价格不变，但减少产品的附加服务或对原来免费的服务收取服务费。

（三）价格调整的反应

1.购买者对价格变动的反应

（1）消费者对某种产品降价可能的反应：①产品可能有质量问题或是因为过时、过期而将被淘汰；②企业遇到财务困难，很可能会停产，产品的售后服务可能会受到影响；③竞争更加激烈，价格可能会进一步下降；④产品成本降低了。

（2）消费者对某种产品提价可能的反应：①产品供不应求，价格可能会继续上涨；②提价意味着产品质量的改进；③企业想获得更高的利润；④各种产品价格都在上涨，提价很正常。

案例拓展 7-6

近年来，以奔驰、宝马、奥迪为代表的豪华车品牌在中国拼命推行"亲民路线"，越来越多的平价豪华车型开始大量投放中国市场，获得了中国购车人群的青睐。在2018年11月上市的奔驰A级三厢版轿车系列，起步价已经调整到21.6万元，这个价格已经触及合资B级车和高端国产车的刚需阵营。虽然在动力和体积等指标上没法跟奔驰C/E/S等老大哥相提并论，但是奔着与S级相似的豪华内饰与车头经典的三叉戟星辉大标，这个价格会让不少年轻购车者动心。

思考：奔驰、宝马、奥迪车的价格调整会对国产车有哪些影响？国产车该如何调整价格？

2.竞争者对价格变动的反应

对企业的降价行为，竞争者可能认为：（1）企业企图扩大市场份额；（2）企业希望通过降价刺激需求；（3）企业经营不善，想改善销售状况；（4）企业可能有替代产品上市。

（四）价格调整的幅度

一定范围内的价格变动是可以被消费者接受的。提价幅度超过可接受价格的上限，会引起消费者的不满，使他们产生抵触情绪而不愿购买企业的产品；降价幅度低于下限，则会导致消费者产生种种疑惑，也会对其实际购买行为产生抑制作用。

在产品知名度提高、收入增加、通货膨胀等条件下，消费者可接受价格的上限会提高；在收入减少、价格连续下跌、通货紧缩等情况下，消费者可接受价格的下限会降低。

想一想

企业降价的时候只是调低价格吗？是否需要做其他工作？

职场对接

张磊在店里做导购时，他发现：公司不同种类型的产品价格不同，针对的顾客群体也不一样。你能够和张磊一起对公司的产品做价格分析吗？

知识回顾

1.单项选择题

（1）产品生命周期导入期的（　　）策略是企业制定较高的产品价格，进行大量广告宣传来迅速增加产品销售。

A.高价高促销　　　　　　　　　　B.高价低促销

C.低价高促销　　　　　　　　　　D.低价低促销

（2）对在夏季购买电暖炉的顾客给予的折扣是（　　）。

A.数量折扣　　　　　　　　　　　B.现金折扣

C.季节折扣　　　　　　　　　　　D.交易折扣

（3）企业为购货时就付清货款的顾客进行的一种减价行为，称为（　　）。

A.数量折扣　　　　　　　　　　　B.季节折扣

C.现金折扣　　　　　　　　　　　D.交易折扣

（4）美的公司推出一种新产品时，定价总是比同类产品的定价低。公司在销售的第一年，可能获利很小，但很快就把产品打入了市场，第二年、第三年便会因大量销售产品而获利。其采用的是（　　）策略。

A.渗透定价　　　　　　　　　　　B.理解价值定价

C.撇脂定价   D.弹性定价

（5）顾客购买某种商品100件以下，其单价为100元，购买100件以上，单价为90元，这种折扣属于（   ）。

A.现金折扣   B.季节折扣

C.业务折扣   D.数量折扣

（6）某五金店对水龙头制定了三种价格：80元、180元、380元，在消费者心目中形成低、中、高三个档次，人们在购买时就会根据自己的消费水平选择不同档次的水龙头，这属于（   ）策略。

A.声望定价   B.招徕定价

C.分级定价   D.习惯定价

（7）华联超市周末对馒头、面包等食品降价亏本出售，以带动其他产品的销售，这种定价方法属于（   ）。

A.声望定价   B.招徕定价

C.尾数定价   D.习惯定价

（8）很多卡拉OK厅在下午场的消费价格仅仅是夜晚场消费价格的一半，这种定价策略属于（   ）。

A.成本加成策略   B.差别定价策略

C.心理定价策略   D.组合定价策略

（9）雕牌洗衣粉标价7.90元，给人以便宜的感觉，认为只要不用8元就能买到，其实它比8元只少了1角。这种定价方法属于（   ）。

A.声望定价   B.招徕定价

C.尾数定价   D.分级定价

（10）企业的某产品提价10%，该产品销量降低20%，则该产品的需求弹性是（   ）。

A.1   B.2

C.0   D.1/2

2.多项选择题

（1）心理定价策略包括（   ）。

A.尾数定价策略   B.整数定价策略

C.声望定价策略   D.招徕定价策略

E.习惯定价策略

（2）可以采用差别定价策略的有（   ）。

A.同种产品对不同的消费者   B.同种茶叶在不同时间

C.同种皮鞋不同颜色   D.同种产品在不同地点

（3）企业定价导向主要有（   ）。

A.成本导向   B.需求导向

C.效益导向　　　　　　　　　　D.竞争导向

（4）企业提高商品价格的原因可能是（　　）。

A.成本下降　　　　　　　　　　B.通货膨胀

C.产品供过于求　　　　　　　　D.竞争策略的需要

3.判断题

（1）理解价值定价法是指企业以自身对商品价值的理解作为定价的依据。（　　）

（2）世界著名品牌的定价往往采用竞争导向定价法。（　　）

（3）渗透定价策略适用于需求价格弹性较大的产品。（　　）

（4）美国杜邦公司在推出新产品时往往把价格尽可能定高，以后随着销量和产量的增加，再逐步降价，公司采用的是撇脂定价策略。（　　）

（5）随行就市定价法风险较小，也容易为消费者接受，是一种很常用的定价方法。（　　）

4.案例分析

每周降价10%

美国曼哈顿"天使"服装店采用折扣方式销售商品，颇为成功。

其具体方法是先发一个公告，介绍某商品的性质、性能等基本情况，再宣布打折的销售天数和具体日期，最后说明打折方法：第一周打9折，第二周打8折，第三周打7折，第四周打6折，以此类推，到第九周打1折。这种销售方法取得了较好的效果：第一周到来的顾客不多，基本上是不考虑价格因素的前卫消费者；第二周顾客较多，来者基本上是紧跟时尚的消费者；第三周到来的顾客更多了，而且在购买时毫不犹豫，他们担心喜欢的衣服没有了；到第四周的时候，来购买的顾客挤满了商店，他们拿着自己喜欢的衣服站在柜台前等待付款。以后连日顾客盈门，还没到1折售货日期，商品早已售完。

思考题：

（1）服装店采用每周打折的动机是什么？

（2）服装店在新产品上市时可采取哪种定价方法？为什么？

5.计算题

（1）某企业生产某种产品的固定成本是36万元，变动成本为48万元，预计每月生产产品12万件，则该企业为达到保本水平而应确定的价格为多少？如果为实现每月24万元的预期利润，则该产品的价格又该是多少？

（2）某商店短袖T恤的销售价格从第二季度每件90元降到第三季度每件50元，月销售量从5 000件上升到8 000件，请问降价是否使销售收入增加？

项目实训

◆ **训练目标**

1.通过实训，学生能够运用相应的定价策略和方法为产品定价。

2.通过实训，学生深入生活，了解市场上的商品价格及成本，学会理性消费。

3.让学生在实践中学会表达、学会沟通，全面提高学生素质。

◆ **训练内容**

为模拟公司新开发的产品制定价格。模拟公司新开发的产品有以下几种：速冻水饺、薯片、护手霜、服装、牛奶（选择其中一种）。

◆ **训练方法**

情景模拟法。

◆ **训练建议**

1.将学生分成若干组，每5人一组，设组长1名，组织本组成员进行实训。

2.学生调查产品的竞争品牌及其价格。

3.学生阐述他们定价的依据。

4.学生阐述他们的定价方法和策略。

5.各组将定价分析过程制成PPT，并推荐1名组员汇报本组作业。

6.同学点评，然后教师讲评，完善实训PPT。

◆ **考核与评价**

1.考核与评价采取PPT展示和现场表现相结合的方式。

2.评分采取学生和老师共同评价的方式。

评价考核标准见表7-1。

表 7-1 　　　　　　　　　　　　评价考核标准表

评价考核标准	分值
对竞争品牌及其价格的调查真实、具体、完整	20
定价的依据合理	20
定价方法和策略选择得当	20
资料完整、条理清楚	20
组员汇报时仪态端庄、思路清晰、语言流畅	20
合　　计	100

制定促销策略

学习目标

知识目标
1. 理解促销和促销组合的基本概念。
2. 掌握人员推销、广告、营业推广、公共关系四种促销方式。

技能目标
1. 能够综合运用促销组合的知识剖析现实案例。
2. 能够运用人员推销、广告、营业推广、公共关系四种方式设计产品促销方案。

思政目标
1. 培养学生爱岗敬业、诚实守信的职业素养。
2. 在促销活动中，恪守公平、公正、正义、守法、诚信的商业伦理。

引导案例

2018年5月30日，华帝发布公告，如果法国队在2018年的俄罗斯世界杯中夺冠，华帝将对在2018年6月1日至2018年6月30日期间购买了"夺冠套餐"的消费者进行退全款的活动。

2018年7月15日，在举世瞩目的2018年俄罗斯世界杯决赛赛场上，法国队最终举起金光闪闪的大力神杯。华帝的反应十分迅速，在比赛结束后的第一时间，便在互动平台上表示开始启动世界杯退款流程。在此前的7月5日，华帝披露了6月1日至7月3日营销活动期间的销售数据。据统计，活动期间华帝线下渠道总零售额预计超7亿元，同比增长20%，其中"夺冠套餐"商品零售额约5 000万元，占线下销售总额约7%；线上渠道总零售额预计超3亿元，销售额同比增长30%以上，其中"夺冠套餐"商品零售额度约2 900万元，占线上销售总额比例约9.67%。

通过这笔成本总计7 900万元的现象级营销，华帝收获的不仅是肉眼可见的销售增幅，更是超高的品牌曝光率——在整个世界杯期间，华帝始终保持着经久不衰的高热度。在决赛结束后的一天之内，"华帝退全款"已经在微博热搜升至第2名，在百度搜索热点中升至第1名。

资料来源　徐图之. 世界杯上走过最长的路，是华帝的套路［EB/OL］.［2019-01-30］. http://www.chinanews.com/business/2018/07-17/8569696.shtml.

请思考：
1. 华帝的促销活动取得了哪些成功？
2. 华帝取得成功的原因是什么？
3. 通过这个案例，你认为促销的实质是什么？

任务一　认识促销组合

一、促销概述

（一）促销的含义

促销是促进产品销售的简称，指企业通过一定的方式，将产品或服务的信息传递给消费者，使消费者了解并产生兴趣，促使消费者购买本企业产品的一系列活动。

从促销的概念可知：

（1）促销的本质是企业与消费者的信息沟通，这是促销工作的核心。

（2）促销的目的是激发消费者的购买行为。

（3）促销的方式多种多样。

促销一般分为人员推销和非人员推销两大类。人员推销是企业为了销售产品或服务，派出或委托推销人员直接向顾客进行介绍、推广、宣传、销售的一种活动；非人员推销是企业借助一定的媒介传递产品或服务等信息，激发顾客购买行为的一系列促销活动，包括广告、营业推广和公共关系等。

（二）促销的作用

1.传递商品信息

通过促销，消费者可以了解企业生产经营的商品品牌、功能、特点，以及给消费者带来的利益和好处等信息。

2.提升竞争能力

在激烈的市场竞争中，企业通过对商品进行宣传，可以有效地提高商品品牌和企业的知名度，加深消费者对本企业商品的了解与印象，增强信赖感，从而提升企业的竞争能力。

3.巩固市场地位

开展促销活动能够加强企业与消费者的联系，增加消费者对商品的好感，培养顾客忠诚度，树立良好的企业形象，巩固和扩大企业的市场地位。

4.拓展市场

促销能够引起消费者对商品的兴趣，诱发其需求，是企业开拓市场的武器。

二、促销组合的基本内容

（一）促销组合的含义

促销组合是指企业根据产品的特点和企业营销的目标，有选择地将人员推销、广告、营业推广、公共关系四种促销方式搭配运用。

（二）促销组合的方式

人员推销、广告、营业推广、公共关系这四种基本促销方式各有优缺点（见表8-1），既能单独使用，又能组合运用。不管进行何种组合，最终的目的都是促进产品销售。

表 8-1 促销方式比较

促销方式	优　点	缺　点
人员推销	双向信息沟通，说服力强，可当面促成交易，反馈及时	接触面窄，费用高
广告	形象生动，接触面广，传播速度快，节省人工	单向信息传播，反馈不及时，不能立即成交，费用高
营业推广	手段多样化，刺激性强，可诱发消费者的冲动购买行为	接触面窄，有时需要降价出售，易引发顾客的怀疑心理，降价使利润减少
公共关系	易于提高企业知名度和美誉度，影响范围广泛，公众信任度高	花费时间多，效果难以掌控

三、促销组合的影响因素

企业在制定促销组合时往往会受到各种因素的影响，这些因素包括：

（一）市场状况

市场状况不同，企业采取的促销方式也有所不同。在用户少、批量采购、成交量大的生产者市场，主要采用人员推销方式；在消费者多且分散的消费者市场，采用广告促销效果更佳。此外，面对风格习惯各异、受教育程度不均、消费者收入水平各异的市场状况，企业需要有针对性地调整促销组合。

（二）产品类型

因为生活资料和生产资料针对的客户不同，采用各种促销方式取得的效果也会产生差异。消费品的促销，按促销效果从高到低排序，可以选择的促销方式依次为：①广告；②营业推广；③人员推销；④公共关系。工业品的促销，按促销效果从高到低排序，可以选择的促销方式依次为：①人员推销；②营业推广；③广告；④公共关系。在促销费用的安排上，也应按以上排序有所侧重。

（三）产品生命周期

在产品生命周期的各个阶段，企业的促销目标会不断调整，促销方式也要随之变换。在导入期，促销目标主要是建立产品的知晓度，促销方式应以广告为主，以人员推销和营业推广为辅。在成长期，促销目标主要是建立产品的知名度，促销方式仍以广告为主，宣传的重点为商标和企业名称，在此基础上辅以人员推销和公关手段更相得益彰。在成熟期，市场竞争激烈，通过广告及时介绍产品的改进，同时配合使用营业推广来增加产品的销量。在衰退期，营业推广的作用更为重要，同时配合少量的广告来保持顾客的记忆。

（四）企业促销策略

企业促销策略分为推动策略与拉引策略两种。

推动策略是指企业运用促销手段把产品推销给批发商，再由批发商推销给零售商，最后由零售商推销给消费者的策略。价值高、功能复杂、流通渠道短、市场集中的产品，应采用推动策略。推动策略的主要实施方式是人员推销。

拉引策略是指企业直接对消费者进行促销，使消费者对企业的产品产生需求，进而主动向零售商求购产品，零售商又向批发商求购产品，最后批发商向企业求购产品的策略。价值低的日用品和流通渠道长、市场范围广的产品，应采用拉引策略。拉引策略的主要实施方式有广告、营业推广和公共关系，其中广告的作用最突出。

（五）商品购买过程

顾客购买商品的过程一般分为知晓、了解、确信、购买四个阶段。企业对处于不同阶段的商品可选用不同的促销组合。在知晓阶段，应选用广告和公共关系；在了解阶段，首选广告，其次是人员推销；在确信阶段，应首选人员推销，其次是广告；在购买阶段，重点选用人员推销。

想一想

某新款洗发水上市，最适宜采用哪种促销方式？为什么？

任务二 了解人员推销

案例拓展 8-1

2009 年 12 月 18 日，食客三人（某制药厂营销总监、市场部经理、陕西省经理）到当地风味餐厅"回民坊"吃晚饭。

三人一边吃饭一边聊陕西市场的销售工作。突然，包房外有人敲门。

一张稚嫩的笑脸探进室内，"几位老板晚上好，能让我进来吗？"

"进来吧！"

一个身着有些发白的牛仔服，满脸堆笑的小男孩站在距离餐台一米左右的地方冲着三人说："看几位先生满脸红光，一定是发大财了，买几朵鲜花吧！"

"你看我们三个大男人买花送给谁呀？"陕西省经理不经意地说。

"送给帅哥呗！"小男孩冲着营销总监满脸堆笑地说。

"这小子，还挺会拍马屁。多大了？"营销总监微笑着对小男孩说。

"10 岁了。听老板的口音是东北人呐，东北人都有钱，看您还抽中华呐！"小男孩说。

"这小子，就挑好听的说，快走吧，我们不买！"市场部经理有些不耐烦了。

"不买不要紧，我送给你一支，玫瑰花能带给你桃花运！"小男孩笑着将一支玫瑰花放在餐台上，顺势挨个给斟满啤酒，然后闪到一边不动声色地看着大家。

"这怎么行，快给这小家伙几块钱……"营销总监显然有些着急了。

市场部经理递给小家伙 5 元钱。小男孩熟练地接过钱，迅速地揣进上衣口袋，抬起头从容地说："一支 10 元钱。"他迅速地走到市场部经理的背后，用他细弱的小拳头为市场部经理捶背。

市场部经理拿出钱夹，不巧没有零钱！于是，市场部经理只好拿出 10 元钱并准备换回小男孩口袋里的 5 元钱。然而，出人意料的是，小男孩接过钱后迅速地揣入口袋，并面向市场部经理深鞠一躬道："谢谢。"

市场部经理没有办法，更不好意思索要回他那 5 元钱了！

小男孩满脸欢笑地向市场部经理做了一个飞吻的手势，口中说着"I Love You"，倒退着走出了房门。

资料来源 张双. 10 岁卖花童给营销总监上一堂营销课［EB/OL］.［2019-01-07］. http://www.emkt.com.cn/article/192/19292.html.

思考：食客三人有买花的欲望吗？小男孩把花卖出去带给你什么启示？

一、人员推销的含义

人员推销是指企业为了销售产品或服务，派出或委托推销人员直接向顾客介绍、推广、销售产品的一种活动。

二、人员推销的特点

（一）人员推销的优点

1.选择性强

推销人员面对众多顾客时，可根据自己的经验选择其中最可能购买自己产品的潜在顾客，有针对性地拟订具体的销售方案、策略等，提高推销的成功率。

2.灵活性强

推销人员在与顾客洽谈的过程中，可以观察顾客的反应，了解顾客真实的内心感受，消除顾客的疑虑，灵活地推荐符合顾客要求的产品，引导顾客购买。

3.有利于信息的双向传播

一方面，推销人员通过展示、操作、介绍产品，将产品信息传递给顾客；另一方面，顾客向推销人员提出自己对企业和产品的意见。推销人员将收集到的各种消费信息反馈给企业，方便企业了解消费者的愿望和要求，及时调整产品与服务。

4.具有公关的作用，可以强化买卖双方关系

好的推销人员善于与顾客建立起超出单纯买卖关系的友谊和信任，为企业赢得一批忠诚顾客。

案例拓展8-2

对话1：

李老太到集市买李子，她走到第一家水果店门口，问店员："这个李子怎么卖？"

店员回答说："每斤1.8元。这李子又大又甜，很好吃的……"

李老太没等她把话说完，转身就走了。

对话2：

李老太走到第二家水果店门口，问店员："这个李子怎么卖？"

店员回答说："每斤1.8元。您要什么样的李子呢？"

李老太说："我要酸李子。"

店员说："正好我这李子又大又酸。您尝尝……"

李老太选了一个尝了尝，有一点儿酸，于是买了两斤。

对话3：

李老太提着李子回家时路过第三家店，她想验证一下李子是不是买贵了，于是她问店员："你家李子多少钱一斤？"

店员回答说："每斤1.8元。您要什么样的李子呢？"

李老太说："我要酸李子。"

店员奇怪地问："您为什么要酸的呢？这年头大家都要甜的。"

李老太说："我儿媳妇怀孕四个月了，想吃酸的。"

店员说："原来这样。那您为什么不买点猕猴桃呢？猕猴桃口味微酸，营养丰富，特别是含有丰富的维生素，同时这些维生素很容易被小宝宝吸收！既可满足您儿媳妇的口味，也为小宝宝补充了丰富的维生素，一举多得！"

李老太觉得有理，于是又买了两斤猕猴桃。

资料来源　kyotuo.经典的销售案例［EB/OL］.［2018-05-04］. https://wenku.baidu.com/view/036d69dace2f0066f5332274.html.

（二）人员推销的局限性

1.人员推销所需费用高

采用人员推销方式不仅要支付推销人员的工资，而且要支付开展推销工作所需的各种费用，所付工资和费用最终以成本的形式转移到商品上，使商品成本增加，价格也随之提高，竞争力被削弱。

2.培养优秀的推销人员较为困难

由于推销人员素质的高低会直接影响人员推销的效果，因此，企业对推销人员的要求便越来越高。推销人员必须熟悉所售产品的功能、特点、价格、使用、维护等方面的知识。科技发展日新月异，产品更新换代越来越快，推销人员知识更新的时间也随之缩短，企业在短期内培养出优秀的推销人员就显得更为困难。

三、人员推销的任务

（一）挖掘和发现潜在顾客

人员推销的任务不仅仅是销售产品给现有顾客，更重要的是通过对产品的宣传，挖掘潜在的需求，开拓新市场。

（二）推销产品

这是推销人员的首要工作，也是最基本的任务。推销人员通过接近消费者，给消费者介绍产品，回答消费者的各种提问，向消费者提供折扣、优惠、服务信息，从而达到诱导消费者购买产品的目的。

（三）传递、收集信息

推销人员在促销时，要及时向顾客提供各类促销信息，激发顾客的购买行为。顾客反馈的信息要及时向企业传达，为企业改进产品和营销手段提供依据。

（四）提供服务

无论是销售前、销售中还是销售后，推销人员都应积极主动地为顾客提供服务，及时解决顾客遇到的各种问题。

四、人员推销的基本形式

人员推销的形式总体上分为三种：上门推销、柜台推销、会议推销。

（一）上门推销

上门推销是指推销人员携带各种"推销工具"——样品、说明书、订货单等直接登门拜访顾客，推销产品。这种推销方式能让推销人员积极主动地接近顾客，并能为顾客提供有效的服务。

（二）柜台推销

柜台推销，也称门市推销，是企业在门店或卖场设置柜台，安排导购员接待前来的顾客，向顾客推荐商品。导购员承担着推销商品的任务，是广义的推销员。门店或卖场里的商品品类齐全，顾客在这里几乎能找到自己需要的全部商品，他们也乐于接受导购员的销售服务。

（三）会议推销

会议推销是一种利用各种形式的会议向与会人员宣传产品、推销产品的活动。常见的会议形式有订货会、展销会、物资交流会、交易会等。通过会议推销，企业能将顾客集中起来，推销效果较好，成交额大，接触到的顾客层面更广。

想一想

如果汽车公司准备采用人员推销的方式促销一款新型汽车，你认为使用上门推销、柜台推销、会议推销这三种方式中的哪一种促销效果最佳？为什么？

五、人员推销的策略和技巧

（一）人员推销的基本策略

1.试探性策略

它亦称"刺激－反应"策略，是指推销人员在不了解顾客需求的情况下，运用刺激性较强的方式引发顾客购买行为的一种策略。推销人员必须提前设计好能让顾客产生兴趣、提起购买欲望的推销语言，对顾客进行试探并观察其反应，根据其反应采取进一步的推销措施。例如，推销人员可采取展示商品图片资料、说明书、样品和示范操作等措施来引起顾客的关注，排除顾客异议，诱发顾客购买动机，引导顾客购买商品。

2.针对性策略

它亦称为"配方－成交"策略，是指推销人员在已经了解顾客相关需求的情况下，有针对性地宣传和介绍商品的特点，培养顾客对商品的认同感，让顾客感到推销人员是设身处地为自己考虑，从而产生强烈的信任感，顺利达成交易。

案例拓展8-3

财务软件的推销员找到某服装公司的财务总监推销产品。

推销员："李总监，您好！我了解到贵公司想更换一款新的财务软件，正好我们公司新研发了一款专门针对服装企业的财务软件。它功能齐全，操作简便，价格比同类产品更为优惠。我给您看一下产品资料，好吗？"

李总监："好的，请您详细介绍一下。"

3.诱导性策略

它亦称为"诱发－满足"策略，是指推销人员运用能唤起顾客潜在需求的服务方法，引发顾客购买行为的一种策略。推销人员应该先告诉顾客购买这件商品后将会得到什么利益，以此激起顾客迫切希望满足这种需求的强烈的愿望，再不失时机地向顾客介绍该商品的具体效用，强调此商品刚好能满足顾客的需求。

案例拓展8-4

一个销售电饭锅的推销员问他的准客户："您是否希望每天一下班就能吃到可口的饭菜，不再花大量的时间在烹饪上，能有更多的闲暇做别的有趣的事情？"准顾客说："那当然！"这时，推销员就可以将全自动电饭锅推荐给他，达到诱导的目的。

（二）人员推销的技巧

1.营造轻松、愉快的洽谈氛围

推销人员要为顾客营造轻松、愉快的洽谈氛围，首先需做好会面的准备：得体的衣着和妆容能让顾客赏心悦目；礼貌的语言和稳重的举止能让顾客的信赖感倍增；虚心的请教和耐心的倾听能让顾客消除抱怨；主动的态度和敏捷的动作能让顾客的满意度提升。

2.保持语言流畅

洽谈时，推销人员不要急于求成，应找到一个有效的切入点，巧妙地引入正题。例如，推销人员可以用请教或赞美顾客的方式，引导顾客讨论与所售商品相关的问题，尽可能让顾客感觉到他的观点受到重视并被认可，最后与顾客达成一致意见。推销人员说话时要打好腹稿，保持语句通顺、内容层次分明、有礼有节，能吸引顾客注意，引起顾客兴趣。

3.排除障碍

在推销活动中，不可避免会遇到推销障碍。比如，顾客对商品定价不能接受，推销人员要用充分的理由具体说明商品价格与商品质量是如何匹配的，使顾客产生认同感。

案例拓展8-5

爱姆塞长期担任某公司的铅管热气材料推销员，他一直想把一位铅管承包商的生意给做下来，但一开始就碰了一鼻子灰。

这位铅管承包商没什么文化，他喜欢让别人处于窘迫的境地。每次当爱姆塞开门进去的时候，他就会大声怒吼："我今天什么也不要！别耽误你我的时间！走开吧！"

后来，爱姆塞试了一个新的方法。当时，爱姆塞的公司正准备在皇后村开设一家新分店，而那位铅管承包商对这一带非常熟悉，并且做了很多生意。所以，当爱姆塞再次拜访铅管承包商时，就说："先生，我今天来并不是要向你推销什么东西。我只是想请你帮我个忙，如果你愿意的话。你能为我抽出一分钟的时间吗？"

"你有什么话就快说吧。"铅管承包商不耐烦地说道。"我们公司正想在皇后村开一家分店。"爱姆塞说，"你对那地方的了解与住在那里的人一样，因此我特意前来向你请教。"

多年来，这位铅管承包商对所有的推销员总是怒吼连连，以赶走他们而获得重要人物的感觉。然而现在，竟然有一位推销员前来向他求教。是的，一位大公司的推销员亲自来向他征求意见。

"坐下吧。"他说，同时拉过来一张椅子。接下来有一个多小时，他向爱姆塞热情地谈了他在皇后村铅管市场的特殊地位和人所不及的优点。他不但赞成那个分公司的地点，还竭尽全力为爱姆塞在购买房屋、存储货物、开展业务等方面制订了一个完整的计划——这位铅管承包商由此获得了一种重要人物的感觉。从这件事情谈起，他又将话题转移到了个人生活问题上。他开始变得和善了，并把他家庭的困难及家庭纠纷告诉了爱姆塞。

"那天我离开的时候，我不但在口袋里装进了一大批铅管材料的订单，并且为我的业务建立了一个坚固的友谊基础。现在，我常和这位从前对我怒吼咆哮的人一起打高尔夫球。他的态度发生巨大改变，是由我请他给我帮忙，满足了他的虚荣心而得到的。"爱姆塞说。

资料来源　李卫. 羊皮卷大全集［M］. 北京：新世界出版社，2007.

六、人员推销的程序

因为推销人员工作时必须与顾客面对面交流，而且每次交流的时间都比较长，所以每天能接待的顾客数量并不多。为了提高每次促销的成功率，并在一定的工作时间内接触尽可能多的顾客，必须总结一套有效的工作程序（如图8-1所示）。

发掘顾客 → 准备资料 → 接触顾客 → 介绍商品

售后服务 ← 达成交易 ← 排除异议

图8-1　人员推销的程序

（一）发掘顾客

推销人员可以利用普遍寻访法、介绍寻访法、信息查询法等方法在选取的目标市场上发现新客户。

（二）准备资料

在开展推销活动前，推销人员要积极主动地收集目标市场、顾客、本企业商品和其他相关商品的资料，分析相关资料，为接触顾客做好准备。

（三）接触顾客

推销人员与顾客直接接触时，务必争取给顾客留下深刻、美好的印象。这时，得体的仪表和开场白就显得尤为重要。

（四）介绍商品

介绍商品是整个推销过程的中心环节。营销人员向顾客推销产品时，可以灵活运用以下两个公式：第一个是AIDA公式：争取顾客的注意（Attention）—引起顾客对产品的兴趣（Interest）—激发顾客的购买欲望（Desire）—促成交易行动（Action）。第二个是FABV公式：描述产品的物理特征（Features）—产品相对于同类竞争产品的优点（Advantages）—产品能给顾客带来的利益（Benefits）—产品的综合价值

（Value），包括物质的和非物质的价值。充分运用上述公式，将取得事倍功半的效果。

（五）排除异议

推销人员在向顾客介绍商品时，顾客提出异议（反对意见）是非常普遍的现象。推销人员必须采取积极态度，正确地看待顾客的异议，并通过解释将拒绝和怀疑变成顾客购买的理由。

案例拓展 8-6

顾客："你们的皮鞋卖得太贵了。"

推销员："的确，与其他牌子相比，我们的皮鞋价格确实稍微高一些。但是一分钱一分货，我们的皮鞋是全手工制作的，材料用的是上等的小牛皮，而且终身免费保修和保养，比其他牌子的保修期要长很多。您看，是不是物有所值呢？"

（六）达成交易

顾客排除异议，接受了商品后，推销人员应趁热打铁，及时与顾客签订购销合同，实现销售。

（七）售后服务

商品售出后，并不代表推销人员就完成了销售工作。与顾客加强联系，做好售后服务工作，是培养顾客购买偏好的一种有效手段。售后服务是商品售出后企业为顾客提供的一系列服务，包括送货、安装、调试、维修、技术培训、上门服务等。向顾客提供良好的售后服务，不仅可以巩固现有客户关系，而且通过老顾客的宣传，可以增加更多的新顾客。售后服务已经成为现代企业参与市场竞争的法宝。

任务三　进行广告决策

一、广告的含义

广告作为信息传播的一种方式，范围广泛，既包括非营利组织（政府部门、宗教团体、慈善机构）的广告，即公益性广告，也包括营利组织（企业）的广告，即商业广告。本节所分析的是商业广告。

商业广告是指广告主为了促进商品和劳务销售，通过各种可控制的大众传播媒体，向目标市场的消费者所进行的付费宣传。报刊、电台、电视台、电影、橱窗布置、商品陈列等都是广告的媒介载体。在市场竞争日趋激烈的今天，要想吸引消费者越来越难，为此企业每年都会花费大量的钱去投放广告。

案例拓展8-7

近日，上海市场监管部门公布了一批典型虚假违法广告案例。宜家家居在地铁灯箱和某第三方App平台上发布"GUNRID古恩里德空气净化窗帘"产品广告，宣传"旧材料，带来新空气"等内容。当事人依据在限定的试验条件下，针对特定目标污染物，对窗帘样品检测得到一种理想状态下的净化结果，便宣传窗帘具备"空气净化"功能，忽略了窗帘实际使用的生活环境条件，误导消费者认为该窗帘无使用的限制条件。该广告对消费者的购买行为有实质性影响，构成虚假广告。市场监管部门依法责令当事人停止发布违法广告，在相应范围内消除影响，并处罚款172.5万元。

资料来源　中国质量新闻网. 宜家被罚款172.5万元［EB/OL］.［2022-01-05］. http://finance.sina.com.cn/wm/2021-10-21/doc-iktzscyy0984543.shtml.

二、广告决策

（一）确定广告目标

企业的广告目标取决于企业的整体营销目标。广告的最终目标是销售目标，为实现销售目标，广告要实现与消费者良好的沟通。具体来说，广告的沟通目标可以分为告知、劝说和提示三大类。

1.告知广告

告知广告是企业在新产品上市时采用的广告，目的是告诉受众产品或服务是什么。零售业者在推出新的促销策略时，会在当地媒体上刊发广告，向市场传递促销时间、地点、内容、形式等信息。

2.劝说广告

劝说广告是企业在产品成长期时使用的广告，目的是让消费者建立对产品或服务的偏好、信任并且购买。不少劝说广告采用了对比的方式表现产品的优越性。例如，蓝月亮洗衣液的广告中通过衣物洗涤前后的对比来表现它的洗涤能力最佳。

3.提示广告

提示广告是企业在产品成熟期采用的广告，目的是提示消费者购买该产品，而不至于遗忘。像麦当劳、可口可乐这类老牌公司每年都会用大量广告来唤醒消费者对它们的记忆。

案例拓展8-8

2017年，支付宝拍了一部暖心的微电影，讲述了一个妈妈精打细算背后的真实意图。故事主线讲的是一个小男孩想参加学校的夏令营，但看到妈妈生活节俭，他一直开不了口，正当他打算放弃这个念头的时候，妈妈告诉他，一定要去。原来妈妈在生活上节省，是为了让孩子拥有更丰富的人生体验。

故事的前半段，小男孩十分讨厌妈妈的抠门。妈妈让客人扫支付宝赚钱红包，被小男孩吐槽："再不熟的人，也要帮着别人省钱"。晚上，水果摊收摊了，小男孩在写作业，妈妈在旁边算支付宝赚钱红包收入，小男孩在心里吐槽："每笔账都算得清清楚楚。"

虽然小男孩对妈妈使用支付宝赚钱红包的情绪是负面的，但是对于品牌而言，通过小男孩的吐槽，支付宝赚钱红包"省钱""赚钱""方便查询红包数量"的特点一目了然。

随着情节的推进，小男孩终于明白，妈妈的精打细算是为了让他参加冬令营，支付宝赚钱红包的每一笔收入都是爱的涓涓细流。支付宝赚钱红包在小男孩心中的情感印象，由消极转向了积极。

故事结尾指向主题——"所有的精打细算，都是在为爱打算"。

支付宝作为支付软件，已经渗透到生活中的方方面面。因此，以支付宝赚钱红包作为故事的一条暗线贯穿始终，不仅不会让人感到难堪，反而会增加广告的真实感和用户的代入感。

微电影：所有的精打细算，都是在为爱打算

资料来源　黄毅. 支付宝赚钱红包走心了：所有的精打细算，都是在为爱打算 [EB/OL]．[2019-01-31]．http://www.sohu.com/a/218669420_678786.

（二）确定广告预算

每个企业都要确定投入多少营销费用。不同的行业对于广告费的投入量是不同的。企业可以采用以下几种方法确定广告预算。

1.销售百分比法

销售百分比法是指企业按照销售量或者销售额的一定百分比来计算和决定企业的广告预算。

销售百分比法让企业根据自己的资金承受能力来确定广告促销费用，使企业的收入和广告投入形成相对固定的比例，不至于盲目投入广告。这种方法的出发点是企业现实的或者可预期的收入，忽视了市场可能出现的机会。

2.量力而行法

量力而行是指企业根据自身资金实力来确定广告预算。实践中这种方法被广泛运用。对于资金实力有限的中小企业而言，这是降低投资风险、保证企业发展的方法。但是，这种方法没有考虑企业销售目标，具有一定的片面性。

3.竞争对等法

竞争对等法是指企业根据竞争对手的广告支出来决定本企业的支出，以保持竞争优势。实践中很多企业采用这种方法，因为竞争者的广告预算代表行业的集体智慧，这样做可以使企业少走弯路。但是，竞争对手的资源、优势、机会和目标不尽相同，这可能会忽视企业自身的实际情况。

4.目标任务法

在确定广告预算时主要考虑企业广告所要达到的目标。首先，明确广告目标，然后确定达到这一目标必须完成的任务，最后通过估算完成这些任务所需要的每项费用来决定广告预算。这一方法从销售目的出发，使企业管理者能够更加认真地研究广告投入、试用购买率和广告显露水平之间的关系，使广告投入更加科学。

（三）提炼广告语

广告语又称广告词，是广告的标题，是一则广告的灵魂，也是诱惑消费者的主要工具。美国的一项调查显示，看标题的人平均是看广告全文的人的5倍，可见广告标题的重要性。好的广告语符合传播的规律，简单易记，容易传播，能让消费者挂在嘴边。

案例拓展8-9

要想皮肤好，早晚用大宝。（大宝）

喝了娃哈哈，吃饭就是香。（娃哈哈）

人头马一开，好事自然来。（人头马）

农夫山泉有点甜。（农夫山泉）

想想还是小的好。（大众甲壳虫）

你本来就很美。（自然堂）

巴黎欧莱雅，你值得拥有。（欧莱雅）

充电五分钟，通话两小时。（OPPO）

（四）确定广告信息的表现形式

将一个广告深深地烙印在观众的脑海里，可以用各种各样的形式去表现。常见的广告信息的表现形式有如下九种：

1.直陈式

在广告中直接说明产品的品牌、特点、用途、价格、生产者以及操作要领等。这种广告表现方式是最常见的。

2.实证式

现身说法，展示产品使用后顾客的评价及获奖状况，从实际效果上证明产品的品质和价值。

3.示范式

通过展示产品的操作过程以及使用后消费者获得的利益，来说明产品的功能和作用。例如，电视购物中破壁料理机的广告就是商品操作示范。

4.明星式

聘请演艺界、体育界等社会名流作为产品形象代言人，利用明星效应宣传和推荐商品。例如，在2022年北京冬奥会上大放光彩的谷爱凌成为深受品牌欢迎的雪上运动员之一。

5.悬念式

营造有关悬念，激发消费者的好奇心，引起社会的广泛关注，进而推出答案，给消费者留下深刻印象。

6.生活场景式

通过消费者的某个生活场景来表现产品。如在小肥羊的广告中，大家一起吃火锅，很多双筷子伸进热气腾腾的锅里，广告语"我们很快就熟了"不仅说羊肉熟了，而且朋友间也熟悉了，一语双关，让人会心一笑。

7.幻境式

广告主要强调商品的用途，通过各种表现手法使消费者产生身临其境的感觉。比如"德芙"巧克力的广告，女主角吃下巧克力后，产生了置身于丝绸中的美妙幻觉，感到柔软舒适。消费者看后也会联想起自己吃"德芙"巧克力时的感受——仿佛有一段柔软的丝绸滑过喉咙。

8.恐惧式

利用消费者担忧不利于自身身心健康和追求美好生活的心理，推广有利于身心健康的产品。

9.解题式

介绍商品能为人们解决哪些实际问题和困难。比如"乐敦"眼药水重点宣传它能缓解眼疲劳。

广告信息的各种表现形式可以单独使用，也可以综合使用，以求达到最佳的宣传效果。

（五）选择广告媒体

传统的广告媒体包括报纸、杂志、电视、广播、户外广告等。随着网络的普及，新兴的网络媒体在广告中的比重越来越大。不同的媒体有各自的特点，在媒体选择时要充分考虑这些因素。

1.广告媒体的特点

（1）电视。电视是一种视听媒体，结合了动作、声音和特殊视觉效果，能带给观众不一样的视听感受。其优点有：形象生动，说服力强；覆盖面广，单位接触成本低；传播迅速，时空性强；直观真实，便于理解。其缺点有：制作难度大，费用高，播放时间短。

（2）报纸。报纸广告是以报纸为载体进行宣传的广告形式。其优点有：容易制作，成本低廉，信息含量大，传播速度快，接受人群范围广泛且相对稳定，便于保存。其缺点有：版块多，内容杂，感染力差，读者的注意力容易分散。

（3）杂志。读者根据自己的喜好，选择阅读各类型杂志，如汽车爱好者看汽车杂志、电脑爱好者看电脑杂志、手机发烧友看手机杂志等。杂志中刊登的广告针对性强，保存方便，这是它突出的优点。其缺点有：接触面较窄，出刊间隔时间长，不能及时宣传。

（4）广播。广播只能收听声音，不能接收画面。广播广告的优点有：传播速度快，接受对象广泛，成本低廉，灵活性强。缺点有：没有形成画面记忆，不易保存，收听时注意力不易集中。

（5）网络媒体。随着互联网技术的发展，网络媒体正日益成为与传统广告四大媒体（电视、报纸、广播、杂志）齐名的第五大媒体。网上电子商城、各大视频网站、搜索引擎、微信、微博、论坛、企业官网上都会存在各种广告。其优点有：广告形式多样，交互性更强，成本更低，投放更为精准，传播面更广，传播更为灵活。其缺点有：时效短，可信度低，曝光率低，只有上网并打开特定网站的人才可能接触到广告。

（6）户外广告。户外广告包括广告牌、车身广告、霓虹灯广告、招贴画等。其优点有：内容简洁明了，引人注目，费用低。其缺点有：表现的内容有限，宣传区域小。

（7）邮寄广告。邮寄广告是将商品小样、说明书等邮寄给指定人群，以达到宣传效果。其优点有：接收对象明确，说服力强。其缺点有：接触面窄，不能明确邮件是否到达指定收件人。

2. 选择广告媒体应该考虑的因素

（1）广告目的。广告目的不同，广告媒体会有所不同。如果广告主想要引发消费者的快速行动，所使用的广告媒体可以是报纸或电视。如果广告主的目标是吸引消费者进店，所使用的广告媒体可以是橱窗广告或店面招牌广告。

（2）媒体的性质与传播效果。媒体传播范围不同，发行数量不一，会影响媒体受众人数；媒体社会地位高低，会影响广告的影响力和可信度，这些都会在一定程度上影响广告效果。

（3）媒体受众因素。选择广告媒体，要充分考虑媒体受众的职业、年龄、性别、文化水平、信仰、习惯、社会地位等，因为其生活习惯不同，经常接触的媒体也不同。

（4）媒体成本因素。广告主需要考虑广告资金预算和各种媒体的成本、媒体的覆盖范围和发行量。不同媒体，其价格不同；不同的版面或不同的时间段，媒体的收费标准也不同，应该选择高性价比的媒体，实现广告收益最大化的目标。

（5）商品特性因素。广告产品特性与广告媒体选择密切相关。产品的性质如何，具有什么样的使用价值，都会对媒体的选择有影响。如价格便宜的日常消费品，其受众广泛，适宜使用电视媒体进行广告发布；一些专业性强、用户较少的产品，可以选择专业杂志等进行广告投放。

任务四　进行营业推广和公共关系决策

一、营业推广的含义

营业推广亦称销售促进，是指企业为了在短期内迅速刺激消费者购买，促使中间商大量进货、推销员积极推销而采取的活动。与其他促销方式不同，营业推广对需求的刺激属于强刺激，对于鼓励迅速购买具有十分明显的效果。但是，营业推广如果运用不当，则会造成产品被贬低的情况，损害企业的形象。

二、营业推广的特点

1.非周期性

开展营业推广多是为了某个即将到期的促销目标而开展的一种短期或临时促销活动，它的使用无周期性、无规律性。

2.短期性

营业推广的重点是要吸引追求购买优惠的消费者，推广时间不宜开展太长，否则将失去吸引力。

3.多样性

营业推广可采取的方式和手段多种多样，常见的有免费试用、购买折扣、优惠券、赠品、有奖销售、包装促销、竞赛等。

4.见效快

只要营业推广能给予消费者、中间商、推销员足够的刺激，就能在短时间内使销售量剧增。

三、营业推广的策略

(一) 针对消费者的营业推广

企业往往以展示、赠送、奖励、价格等作为针对消费者的营业推广主题。

1.以展示为主题的营业推广

（1）售点陈列。企业在货架、过道、橱窗、柜台、天花板等处设置海报、招牌、彩旗等陈列。

（2）展览推广。企业集中陈列一部分能显示自身特征与优势的商品，一边展出一边销售。

（3）现场示范。推销人员在销售现场实地解说，演示商品的功能特点，吸引众人关注，打消顾客疑虑。比如，促销挂烫机的推销员可在销售现场演示如何方便快捷地将有褶皱的衣服熨烫平整。

2.以赠送为主题的营业推广

（1）商品样品。这种推广方式是企业提供商品样品给消费者免费试用，使消费者能亲身感受到商品的效用，心甘情愿地购买商品。新商品上市时，采用商品样品推广是最有效的方法之一。例如，各种新款护肤品、化妆品上市时，多采用这种方法。

（2）商品赠品。顾客成功购买商品后，可以获得一些赠品。赠品可以是与所购商品相同、相关的商品，也可以是与所购商品毫无联系的纪念品。

（3）商品赠券。顾客购买指定商品即可获得一定数量的交易赠券，当顾客积累足够多的赠券时，就可以换取指定商品。

3.以奖励为主题的营业推广

（1）抽奖、摇奖。消费者购买指定商品后，即可获得相应抽奖或摇奖的机会。例如，在超市消费满68元，即可抽奖1次，中奖者将获得5元到20元不等的奖金。

（2）竞猜。让消费者预测某次比赛结果，并奖励预测正确者。比如，足球世界杯是很多人关注的赛事，在此期间，让消费者猜测哪支球队将成为最后的赢家，能增添消费者购物的乐趣。

（3）有奖比赛。消费者参与企业组织的比赛，排名靠前者可获得实物、现金、证书、免费旅游等奖励。比赛内容要体现企业商品或服务的特征。比如，自行车厂可举行自行车比赛；体育用品店可举行投篮大赛；游戏开发商可举行游戏大赛等。这样既可以引起消费者关注，借机推广自己的品牌，又可以让消费者亲身体验商品带来的利益。

（4）现场兑奖。顾客购物后按消费额多少领取奖券，刮开奖券的"开奖区"，中奖者可现场领奖。

无论是以上哪种奖励方式，企业都应在销售现场摆放极富吸引力的奖品。这将大大刺激顾客的获奖欲望，聚集人气。

4.以价格为主题的营业推广

（1）特价销售。企业不再维持商品的正常零售价，而是给予较大幅度的优惠，并将优惠金额体现在价格标签或商品包装上。例如，鞋子特价销售时，在原价格300元的标签上再添上一行"特价168元"的文字。

（2）打折促销。企业在节假日或销售淡季进行价格减让，维持一段时间后又恢复原价。这种营业推广方法是现今运用最普遍的方式之一。例如，棉衣在夏季以三折价格出售。

（3）会员卡、优惠券。持有企业发放的会员卡或优惠券的顾客在购物时可享受一定程度的减价优惠待遇。一般会员卡同时具备积分功能，积累一定的分值即可换取相应的礼品，消费者为了增加分值可能坚持在某处购物。另外，发放会员卡还能起到稳定消费者的作用。

（4）退款优惠。消费者购物后，可持购物小票、发票到原销售商店或生产企业退还商品，返还现金。例如，有的商店打出"十五天内，想退就退"的口号，只要消费者原封不动地退还商品，都可全额退款。这使顾客的权益得到了极大的保障，没有了后顾之忧。

（5）以旧换新。消费者用废旧商品换购同类的新商品，可享受一定的价格折扣。

企业要求消费者提供的废旧商品一般有两种：一种是与新商品的类别、品牌均相同，如电器城推出以旧换新活动，顾客用旧款"美的"牌电饭锅换购一款价值300元的新款"美的"电高压锅仅需加100元现金；另一种是与新商品类别相同、品牌不同，如电器城推出以旧换新活动，顾客用各种牌子的旧电视机换购一台价值1 500元的新款"创维"电视机仅需加1 000元现金。

想一想

购物时，你是否遇到过针对消费者的营业推广活动？请说说具体经过。

（二）针对推销人员的营业推广

1.销售提成

企业从商品销售额中提取一定比例的款项，作为推销人员销售商品的报酬或奖励。例如，企业规定销售提成为10%，1名销售员卖出20 000元的商品，这意味着销售员可获得2 000元（20 000×10%）提成。

2.销售红利

企业事先设定好推销人员的销售指标，超指标完成任务的推销人员可提取一定比例的红利。这可以鼓励推销人员努力提高销售业绩。例如，企业规定推销人员每个月要完成10 000元的销售任务，超出10 000元的部分可按10%提取红利。1名销售员1个月卖出20 000元的商品，这意味着销售员可获得1 000元（（20 000－10 000）×10%）的销售红利。

3.销售比赛

在企业所雇的推销人员之间开展销售比赛，销售额领先的推销人员可得到奖励，借此调动销售人员的工作积极性。

4.实施培训

企业根据推销人员的职位和薪资水平，确定培训目标，并有计划地开展培训，激发推销人员的工作热情。

（三）针对中间商的营业推广

1.赠品

企业赠送各种广告品给中间商，如笔记本、圆珠笔、工艺品、环保购物袋、挂历等。中间商可借花献佛，转送给顾客，既讨好了顾客，又起到了宣传的作用。此方法可谓一举两得。

2.销售折扣

为答谢长期合作、努力销售的中间商，企业会给予其一定的价格折扣。

3.节日活动

邀请中间商参加招待会、免费旅游等活动，共同庆祝节日，从而增进友谊，加强合作。

4.合作广告

为了共同开发市场，企业联合中间商一同出资进行广告宣传。

四、公共关系的含义

公共关系是指企业运用各种信息传播手段，与内外公众进行双向信息沟通，以塑造良好的企业形象，赢得公众的信任与支持，为企业的生存和发展创造良好环境的活动。

五、公共关系部门的任务

1.产品宣传

这是为了宣传某些特定产品而进行的各种活动。公关部门需要配合产品的宣传计划，策划各种活动，以便和企业利益相关者（包括媒体、顾客、经销商、政府以及企业内部员工）沟通，使其了解企业产品的性能和价值。

2.与媒体沟通

企业通过媒体报道对企业有价值的信息，吸引公众的注意力，在社会上树立企业的良好形象。尤其是那些公信力高、影响力大的新闻媒体，其报道的效果常常胜过广告。

3.与政府沟通

通过与政府相关部门沟通，遇到困难的企业可以得到政府施以援手，企业的发展能获得政府的支持，对塑造企业形象、维护企业信誉大有裨益。

4.企业的内外沟通

通过内部和外部宣传，促进内部和外部对企业本身的了解，达到"内求团结、外求发展"的目的。

5.危机管理

这是管理并预防企业危机，处理突发事件，使企业能够在最短的时间内发现问题，处理问题，减少损失。企业的危机公关分为社会危机公关和自身危机公关。当社会发生重大危机时，企业通过对公益活动的支持来树立良好的社会形象，即社会危机公关。当企业因为管理不善、竞争或者特殊事件导致生存危机时，所采取的一系列消除影响、恢复形象的行动，即自身危机公关。

想一想

人们平时所说的"拉关系，走后门"是不是公共关系？

六、公共关系策略

公共关系策略是指企业根据自身形象和目标要求，规划公共关系的活动。常见的公共关系策略有以下几种。

（一）媒介事件

媒介事件是指企业专门为了让新闻媒体进行宣传报道而开展的公共关系活动。新闻媒体传播信息的速度又快又准、覆盖面广、影响力极大，很多西方国家把它视为除行政、立法、司法以外的"第四权力机构"。因此，企业借助新闻媒体宣传，能迅速提高知名度，使自己在众多竞争者中脱颖而出。

　　企业的公共关系人员要善于制造新闻事件，引起新闻界的关注。当然，制造新闻要用正当的手段，采取的行动既对自身有利，又能让社会和公众得到实惠。无中生有地捏造、夸大事实，往往会起到相反的效果。

案例拓展8-10

　　你见过亮闪闪的手表从天而降吗？这听起来像做梦，可这件事确实发生过。一天，在澳大利亚有很多人拿着本地一家发行量很大的报纸奔走相告，激动得好像挖到了金矿。

　　是什么让人们如此兴奋呢？原来兴奋点来自一家钟表公司——"西铁城"钟表公司。"西铁城"没有依靠通常的广告说自己的产品如何质量优异、外观精美，而是以新闻发布的方式带来了一个消息：某年某月某日，西铁城公司将派出数架直升机，在澳大利亚首都某著名广场空投一批"西铁城"手表，届时，拾到手表的人将免费获得那只手表。澳大利亚人诧异得简直张不开嘴了。在那一天到来之前，几乎每个澳大利亚人都在议论这件事情。

　　激动人心的那一天终于到来了。天空中响起了嗡嗡的声音，那是直升机的螺旋桨发出的！大家按捺不住自己心中的好奇等待着。此刻，他们纷纷将头昂起来，朝着直升机的方向凝望。小黑点儿变得清晰了。直升机果真盘旋在广场的上空！还没等人们从直升机如约而至的激动中缓过来，亮闪闪的"西铁城"手表就在人们的欢呼声中落下来。"表从天降"使整个广场沸腾了！

　　此时此刻，日本西铁城总部，穿戴讲究的总裁与董事长正品味着成功的喜悦。"这次范围如此之大的广告宣传，必然能够帮助我们打开澳大利亚的市场！"董事长深知这次"空投手表"将会给公司带来什么。人们遇上这样轰动而奇特的事情都无法让自己平静下来的，更何况是有人真的拿到了从天而降没有被摔坏的手表。但这次完美策划的重点不仅仅是"西铁城"手表的质量很好，更重要的是，为了这次巨大的演出而自愿地聚集到广场上的人们和那些想来但没空来却惦记着这次活动的人们，都记住了一个名字——"西铁城"。

　　不需要其他，只需要这三个字——"西铁城"。记者早就带着摄像机来到了广场，将这一激动人心的场面发送到世界各地，登上各大报刊的头条。头条上最大的三个字，毫无疑问将会是"西铁城"。西铁城此举不光打开了澳大利亚市场，并且享誉全球。

　　资料来源　何尺. 策划改变命运：50个改变人生的精彩策划［M］. 北京：中国档案出版社，2005.

　　（二）专题活动

　　公共关系的专题活动是公共关系人员以商品促销为目标，运用创造性思维，精心策划、组织的主题鲜明的公关活动，希望引发轰动效应。

　　1.专题活动策划应突出"新""奇""特"

　　企业利用新鲜、特别的手段引发人们的好奇心理，驱使消费者一探究竟，往往能产生较大的轰动效果。

　　2.专题活动策划应重视名人效应

　　名人是在社会中享有极高知名度、受到公众崇拜与信任、具有很强影响力的人，比如明星、节目主持人、权威人士等。在公共关系活动中，企业常常邀请明星进行广告宣传、请专家作报告、开辟名人专栏、开通专家热线等。这些活动都巧妙地抓住了人们对名人的崇拜心理，有的放矢地开展公共关系活动，使企业知名度快速提升，产品销量迅速增长，名人效应得以彰显。

案例拓展 8-11

　　天津自行车厂制造的"飞鸽"牌自行车行销神州大地，极受消费者欢迎。但是，作为一家世界级的自行车生产厂家，仅仅满足于国内市场是远远不够的。天津自行车厂为把自己的自行车推向世界，费了不少的劲，但收效甚微。

　　1989年2月，正为开拓海外市场犯愁的自行车厂领导得到了一个消息：新当选的美国总统布什即将访华。领导们眼睛一亮，认为有办法了。原来，布什夫妇是一对自行车迷，酷爱自行车运动。他们想从这一点找到打开海外市场的突破口。

　　天津自行车厂领导把自己的想法告诉了新华社，愿意把"飞鸽"牌自行车作为礼品，送给布什夫妇。新华社将这个想法又上报给了国务院。国务院对这件事十分重视，最后答应以刚投产的飞鸽QF83型男车和QF84型女车作为送给布什夫妇的礼品车。

　　1992年2月25日，在钓鱼台国宾馆里，李鹏总理将两辆崭新的"飞鸽"自行车送给布什夫妇，布什夫妇仔细地看了看车子，连声说："好极了，美极了。"布什总统还兴致勃勃地骑上了车子，在众多的记者面前作出骑车的样子，让他们拍照。

　　这个场面被全世界上百家新闻媒体报道。不久，一批外商专程来天津看样订货，法国一客商一下子订了30 000辆"飞鸽"车。

　　布什总统返美后，在白宫草坪上骑"飞鸽"车的场景再次被美国新闻媒体报道。一时间国外兴起一股争买"布什""芭芭拉"型"飞鸽"牌自行车的热潮，"飞鸽"自行车厂名声大振。

　　通过新闻媒体的报道，"飞鸽"牌自行车开始名扬全世界。"飞鸽"不仅带去了中国人民的友谊，也带来了企业的经济效益。造型新颖、性能可靠的"飞鸽"牌自行车源源不断地"飞"到了美国。借助布什夫妇，"飞鸽"牌自行车终于打开了海外市场。

　　有不少产品都是这样的，它默默无闻地在某个地方待了多年，偶然一次经名人推崇、使用，便身价倍增，名扬海内外。这些产品的功能，在名人使用以前已经存在，并非在名人使用时提高，为什么同一产品在这前后身价就大不一样呢？这就是借助名人的影响力作了广告宣传，从而树立起了自己的口碑，提高了自己的身价。

资料来源 邹华英. 看故事 学理财 [M]. 北京：机械工业出版社，2008.

3.专题活动策划应针对公众关注的热点

公众的视线往往停留在当前的热点问题上。寻找公众瞩目的焦点和话题，巧妙地利用它们，是策划工作的一项重要任务。

（三）公益活动

公益活动是企业最常用的公关方式之一。它是指企业不计报酬地用各种方式参与社会公益事业，比如捐资助学、赞助各类体育赛事、赞助社会福利院、给受灾地区捐款捐物、资助社区活动等。企业参与公益活动不应仅仅从自身的利益出发，而应树立起主人翁意识，站在全人类的高度上来积极开展行动。公益活动应贯穿企业发展的始终，真正树立起热心公益、造福社会的良好形象，搞好企业同政府部门、社区及一般公众的关系。

（四）情感服务

情感服务是企业为公众提供各种实惠和优质服务，提升企业形象，以实际行动表明企业为公众服务的诚意，进而感动公众。这是一种"服务型公共关系"的策略。在商品、价格、质量、服务内容大体相同的竞争环境下，企业打出"情感牌"，往往能出奇制胜。

职场对接

马上就要到年底了，公司为了完成年度销售任务特别制订了各种类型的促销方案。看到促销方案，张磊意识到这是提高销售额、获得更多销售提成的最佳时机。你知道有哪些促销方式吗？在当地市场上，更适合采用哪种促销方式呢？

知识回顾

1.单项选择题

（1）促销的本质是企业与消费者的（ ）沟通，这是促销工作的核心。

A.服务 　　　　　　　　　　B.资金

C.信息 　　　　　　　　　　D.商品

（2）在（ ）期，促销目标主要是建立产品的知名度，促销方式以广告为主。

A.导入 　　　　　　　　　　B.成长

C.成熟 　　　　　　　　　　D.衰退

（3）（ ）在拉引策略运用中起的作用最大。

A.人员推销 　　　　　　　　B.广告

C.营业推广 　　　　　　　　D.公共关系

（4）（ ）是在广告中直接说明产品的品牌、特点、用途、价格、生产者以及操作要领等。这种广告表现方式是最常见的。

A.示范式　　　　　　　　　　B.明星式

C.直陈式　　　　　　　　　　D.人格化

（5）合作广告是针对（　　）的营业推广活动。

A.中间商　　　　　　　　　　B.消费者

C.竞争对手　　　　　　　　　D.推销人员

（6）（　　）亦称销售促进，是指企业为了在短期内迅速刺激消费者购买，促使中间商大量进货，推销员积极推销而采取的促销活动。

A.人员推销　　　　　　　　　B.广告

C.营业推广　　　　　　　　　D.公共关系

（7）以旧换新是以（　　）为主题的营业推广。

A.展示　　　　　　　　　　　B.价格

C.赠送　　　　　　　　　　　D.奖励

（8）售点陈列是以（　　）为主题的营业推广。

A.展示　　　　　　　　　　　B.价格

C.赠送　　　　　　　　　　　D.奖励

（9）（　　）是指企业专门为了让新闻媒体进行宣传报道而开展的公共关系活动。

A.媒介事件　　　　　　　　　B.专题活动

C.公益活动　　　　　　　　　D.情感服务

（10）正日益成为与传统广告四大媒体齐名的第五大媒体是（　　）。

A.网络媒体　　　　　　　　　B.电视媒体

C.户外广告媒体　　　　　　　D.杂志媒体

2.多项选择题

（1）非人员推销是指企业借助一定的媒介传递产品或服务等信息，激发顾客购买行为的一系列促销活动，包括（　　）等。

A.人员推销　　　　　　　　　B.广告

C.营业推广　　　　　　　　　D.公共关系

（2）企业促销策略分为（　　）两种。

A.横向策略　　　　　　　　　B.纵向策略

C.推动策略　　　　　　　　　D.拉引策略

（3）营业推广的特点有（　　）。

A.非周期性　　　　　　　　　B.短期性

C.方式多样　　　　　　　　　D.见效快

（4）属于针对消费者的营业推广活动包括（　　）。

A.会员卡　　　　　　　　　　B.打折促销

C.商品赠品　　　　　　　　　D.合作广告

（5）常见的公共关系策略有（　　　）。

A.媒介事件　　　　　　　　　　　B.专题活动

C.公益活动　　　　　　　　　　　D.情感服务

3.判断题

（1）促销的目的是激发消费者的购买行为。　　　　　　　　　　（　　）

（2）人员推销的优点是形象生动、接触面广、传播速度快、节省人工。　（　　）

（3）公共关系的缺点是接触面窄，有时需要降价出售，易引发顾客的怀疑心理，使自身利润减少。　　　　　　　　　　　　　　　　　　　　（　　）

（4）拉引策略应该用于促销单位价值高、功能复杂、流通渠道短、市场集中的产品。　　　　　　　　　　　　　　　　　　　　　　　　（　　）

（5）人员推销在拉引策略运用中起的作用最大。　　　　　　　　　（　　）

（6）广告是指广告主用付费的方式，通过一定的媒体，运用印刷、书写、画面或口头宣传等向顾客促销产品或服务的一种方法。　　　　　　　　（　　）

（7）营业推广可以长时间开展促销活动。　　　　　　　　　　　（　　）

（8）公共关系活动的根本目的是在公众中树立企业的良好形象。提高知名度，成为公共关系的核心问题，是公共关系希望达到的效果。　　　　　　（　　）

（9）新闻媒体是社会组织与其他公众沟通的最主要渠道，它传播信息的速度又快又准、覆盖面广、威望高、影响力极大，西方很多国家把它誉为除行政、立法、司法以外的"第四权力机构"。　　　　　　　　　　　　　　（　　）

（10）公益活动是企业最常用的公关方式之一。它是指公共关系人员以商品促销为目标，运用创造性思维，精心策划、组织的主题鲜明的公关活动，希望引发轰动效应。　　　　　　　　　　　　　　　　　　　　　　　　（　　）

4.案例分析

海底捞的危机公关

2017年8月25日，《法制晚报》登出了一则关于海底捞的报道：卧底的记者拍下了老鼠横行、扫垃圾的撮箕放洗碗池中清洗、用火锅漏勺掏下水道等令人发指的后堂行为。仅仅3个小时之后，海底捞迅速作出回应，紧接着发布了处理通报。沿袭海底捞一贯的处事风格，通报中清晰写明责任由董事会承担，涉事员工无须恐慌。出人意料的是，民意迅速反转，网友疯狂转发，舆论导向偏向正面。

27日下午，海底捞官网发布《关于积极落实整改，主动接受社会监督的声明》，表示对北京食药监部门的约谈内容全部接受，所有门店将实现后厨操作可视化。海底捞多家门店张贴告示：因门店内部整顿，暂停营业。网民纷纷表态：海底捞有担当，公关满分，良心企业，必须原谅，甚至还有人抛出言论：你自己家后厨也不见得比海底捞干净。

思考题：

海底捞是怎样化解这场危机的？企业在面对危机时如何进行危机公关？

项目实训

◆ **训练目标**

1.巩固所学的人员推销知识。

2.通过这次推销，培养学生熟练运用推销技巧的能力。

3.调动学生学习的积极性，突出学生的主体地位。

◆ **训练内容**

1.学生阅读并熟记产品介绍资料。

2.模拟推销，进行销售实践。

◆ **训练方法**

情景模拟法。

◆ **训练建议**

1.教师事先准备手机、护肤品、饮料等各类产品的介绍资料，并发放给学生。

2.全班学生每2人一组，分为多组。同组的2名学生分别扮演顾客和推销员。扮演顾客的同学同时担任评委，给推销员打分。

3.两名学生互换角色模拟。

4.教师现场指导，纠正学生的不足，选择表现较好的几组进行示范并点评。

◆ **考核与评价**

1.根据学生现场表现评分。

2.考核与评价采取学生和老师共同评价的方式。

评价考核标准见表8-2。

表8-2 **评价考核标准表**

评价考核标准	分值
熟悉产品资料，对产品功能特点的介绍详细、准确	30
表情自然，保持微笑，能使用礼貌用语，语言流畅	20
展示产品时运用的方法正确，促销效果好	20
能随机应变，解决顾客异议	30
合　计	100

建立分销渠道

学习目标

知识目标

1. 了解分销渠道的概念、职能，识别分销渠道的类型。
2. 熟悉分销渠道的影响因素。
3. 掌握分销渠道策略。

技能目标

1. 掌握渠道成员的选择及管理方法。
2. 掌握分销策略运用的实践操作。

思政目标

1. 践行敬业、诚信、友善的社会主义核心价值观。
2. 认识传销的危害，警惕传销陷阱。

引导案例

伴随着移动互联网浪潮，汽车电子商务迅速崛起。数据显示，2017年中国汽车消费者进一步年轻化，其中"85后"和"90后"消费者所占比例已经从2016年的49%上升至55%，而且这个比例还在持续上升。目前，汽车电子商务基本形成了三种商业模式：专业的垂直汽车平台、大型B2C电商平台以及厂商自建的直销平台。

当前，汽车电商开始积极寻找新的市场突破点。例如，布局线下体验店，实现"线下线上"双结合，或在现有连锁店中改造门店布局、增设汽车展厅等。特斯拉式的厂家直销模式也是一种汽车电商模式，但这仅限于销售规模较小的情况。如果销量达到一定的数量，仅仅依靠线上营销便远远不够了。虽然电动汽车的保养相对更为简单，但仍不能忽略维修的需求。

尽管汽车电商的发展面临一定的困难，但其优势是毋庸置疑的。首先，运营成本相对实体经销商而言更低；其次，通过网络可以实现更加多样化的营销形式、更精准的用户推广以及实现更广泛的传播效应；最后，可以实现网络个性定制，对消费者和厂商都更为便利。因此，业内人士大多认为，汽车电商必是未来发展的趋势，而线下经销商也将面临新的转型。

请思考：

如何理解分销渠道的作用？

任务一　认识分销渠道

一、分销渠道的含义

分销渠道是指产品或服务从生产者向消费者（或用户）转移的过程中，由各中间环节连接而成的通道。这个通道由一系列的市场中介机构或个人组成。分销渠道的起点是生产者，终点是消费者或用户，中间环节有各类批发商、零售商、代理商和经纪人。

产品和劳务只有到达消费者或用户手中才是现实产品，才能实现其价值和使用价值。企业生产出来的产品只有通过一定的分销渠道，才能在适当的时间、地点，以适当的价格供应给广大消费者或用户，克服生产与消费在时间上和空间上的矛盾，实现社会生产目的，满足市场的需要，实现企业的市场营销目标。

分销渠道是一个有机系统，渠道中的所有组织机构共同构成了产品实体流程、所有权流程、信息流程、资金流程、促销流程，即"五流合一"。

二、分销渠道的职能

分销渠道具有以下几方面的职能。

（一）分销职能

承担商品流通职能，这是分销渠道的基本职能。

（二）传播职能

将企业、商品和品牌信息向广大消费者群体传播。分销渠道承担着广告、人员推销以及促销等营销传播职能，成为与消费者沟通的主体，使企业能够保持形象与个性的一致性，实现企业、商品、品牌与消费者之间的有效沟通，最终实现营销目标。

（三）信息采集职能

分销渠道联系着消费者，是企业采集顾客信息、市场行情信息、竞争信息以及消费结构变动信息的可行渠道。

（四）服务职能

企业可通过渠道网点，为消费者提供面对面的咨询、体验和服务，使消费者感受到企业的关怀，进而产生好感和信赖。

（五）形象展示职能

分销渠道既是商品销售的渠道，也是展示商品的场所，可以在一定程度上展示品牌的形象。

案例拓展9-1

肖佳是过敏性皮肤，脸上的小痘痘反复发作。被痘痘困扰的她有一次去了杭州第三人民医院皮肤科就诊，医生向她推荐了一款药妆产品——薇诺娜。用后觉得还不错，她便经常从天猫店购买。

跟肖佳一样，大多数薇诺娜的用户都是通过相似的途径知晓并使用产品的。这是薇诺娜最核心的商业模式。薇诺娜通过学术推广、医生推荐，并在药店和电商平台上形成了互补的销售渠道。

目前，薇诺娜的销售渠道分为电商平台、OTC药店和自有诊所。在新零售的趋势下，这些渠道相互融合，即通过药店销售产品，将线下的用户转化到线上，不断进行数据回流，找到最清晰的用户画像，再指导营销投放、产品研发、渠道布局等。通过精细化的全渠道运营，薇诺娜跻身天猫"双11"美妆TOP10，成为国际品牌有力的竞争对手。

三、分销渠道的类型

分销渠道包括以下几种类型。

（一）直接渠道与间接渠道

根据分销渠道中是否有中间商将渠道划分为直接渠道与间接渠道。

1.直接渠道

它是指产品从生产者流向最终消费者的过程中不经过任何中间商转手，直接把产品销售给消费者。直接渠道是工业品分销的主要方式；在消费品市场，直接渠道也有逐步扩大的趋势。

2.间接渠道

它是指生产者通过若干中间商环节（如批发商、零售商、经销商或代理商），把产品传送到消费者手中。间接渠道是消费品分销的主要方式，有些工业品也采用间接渠道。

案例拓展9-2

铜师傅的创始人俞光，仅靠一个非刚需的低频消费品在2017年就实现营业收入2.5亿元。铜师傅淘宝网旗舰店里的每一件作品，在工艺制作上都力求精益求精。俞光坚持只做线上渠道，总经理却提出了反对意见，他认为传统工艺品就应该在实体店卖，这样才能更好地服务传统工艺品的消费群体。俞光对此并不认同。一方面，线上有成本优势，相比其他品类，铜工艺品对门店面积有一定要求，面临的资金压力会更大。另一方面，铜工艺品本就是小众市场，如果开实体店，几乎只能锁定当地的爱好者，消费人群易受到局限；相反，线上流量集中，凭借产品和价格优势，互联网能够帮助他们赚到第一桶金。

（二）长渠道与短渠道

根据产品经过流通环节的多少将渠道划分为长渠道与短渠道。

1.长渠道

产品从生产者流向最终消费者或用户的过程中，所经过的环节多、层次多，分销渠道就长。一般销售量较大、销售范围广的产品宜采用长渠道。

2.短渠道

产品从生产者流向最终消费者或用户的过程中，所经过的环节少、层次少，分销渠道就短。一般销售量较小、市场比较集中或产品本身技术复杂、价格较高的产品适用短渠道。

（三）宽渠道和窄渠道

根据每一个层次出现的中间商多少将渠道划分为宽渠道和窄渠道。

1.宽渠道

它是指生产者在某一区域目标市场上选择尽可能多的中间商来销售自己的产品。其优点是分销面广，消费者随时随地可以买到产品，促使中间商展开竞争，提高产品的销售效率。例如，日用消费品（洗衣粉、牙刷、牙膏、毛巾等），由多家批发商经销，又转卖给更多的零售商，能接触大量消费者，实现大批量销售。

2.窄渠道

它是指生产者在某一区域目标市场上只选择少数几个中间商来销售自己的产品。它一般适用于专业性强的产品或贵重耐用的消费品，由一家中间商统一包销，几家经销商经销。它使生产企业容易控制分销渠道，但是，市场分销面受到限制。

（四）生产资料分销渠道和消费资料分销渠道

1.生产资料分销渠道的四种主要形式

（1）生产者—用户；（2）生产者—批发商—用户；（3）生产者—代理商—用户；（4）生产者—代理商—批发商—用户。

2.消费资料分销渠道的四种主要形式

（1）生产者—消费者；（2）生产者—零售商—消费者；（3）生产者—批发商—零售商—消费者；（4）生产者—代理商—批发商—零售商—消费者。

想一想

家用轿车、彩电、饮料、书籍等产品适合采用什么样的分销渠道？

案例拓展9-3

2018年5月，一款号称由前Google员工和某跨国公司员工联手打造而成的虚拟币钱包（即Plus Token），通过微信群、炒币论坛等传播渠道迅速蔓延。开通Plus Token钱包，加入会员，用户就可以通过智能搬砖、链接、高管等方式获得收益。其中链接收益就是俗称的"拉人头"。Plus Token根据拉人头的数量和投资金额，将会员分为普通会员、大户、大咖、大神、创世五个等级。每名会员可以享受第一层下线搬砖收益的100%，第二到第十层的10%。Plus Token通过拉人头，用分红和奖励催促会员不停地去发展下线。这个打着区块链噱头，发行虚拟币的商业机构真正干的，就是通过传销招揽投资者。在巨大利益的诱惑下，产品发布仅三个月，Plus Token会员总数突破了100万人，吸纳资金近50亿元人民币。

2019年6月27日，虚拟币钱包宣布停止提现，并在一笔转入地址的备注中写道：对不起，我们跑路了。此刻，近200多万名参与者才醒悟，这就是一个骗局，他们参与的不是区块链技术，而是传销。

虚拟币的最大特点是去中心化、匿名化，交易记录都经过加密处理。公安部费尽周折，终于破获了这起涉案金额高达400亿元的虚拟币案件。这个所谓的"虚拟币钱包"，在短短一年多的时间里，席卷了全球100多个国家和地区，参与人数超过了200多万人，传销层级达3 000余层。

资料来源　央视财经. 央视揭400亿元虚拟币骗局：3 000传销层级大案200万人卷入［EB/OL］. ［2022-01-02］. https：//new.qq.com/omn/20210408/20210408A0D2NB00.html.

四、中间商

中间商是指处于生产者和消费者之间，参与商品交换，促进买卖行为发生和实现的经济组织或个人。中间商可以从不同的角度进行分类：按是否拥有商品所有权分为经销商和代理商；按其在流通中的不同作用分为批发商和零售商。

（一）经销商和代理商

1.经销商

经销商是从事商品交易业务，在商品买卖中拥有商品所有权的中间商。经销商以自己的名义从事商品销售，所得是买卖差价收入，经销的双方是一种买卖关系。由于经销商对商品拥有所有权，因此也相应承担商品流通过程中的风险。

2.代理商

代理商是接受生产者委托，从事商品交易业务，但是对商品没有所有权的中间商。代理商并非直接经营商品，也不是先买后卖，而是代表买方寻找卖方，或是代表卖方寻找买方，并通过促成买卖双方的商品交易，从委托人处获取佣金作为报酬。由于代理商对商品不拥有所有权，因此也不承担商品流通过程中的风险。

（二）批发商和零售商

1.批发商

批发商是从事批发经营活动的企业和个人。批发的职能是将购进的商品批量转售给各类组织和购买者，包括生产企业、服务企业、零售商、其他批发商和各种社会团体机构。是否属于批发商，不在于一次交易的数量，而主要在于买方的购买目的。

根据经营商品范围的不同，可将批发商分为综合批发商（或称普通批发商）和专业批发商；根据市场覆盖面的大小，可将批发商分为全国性批发商、区域性批发商和地方性批发商。

2.零售商

零售商是将商品和服务出售给消费者供其个人使用的商业企业和个人。零售业务与批发业务的区别在于零售商面对消费者市场，实行小批量购进、零星售出，其网点分散，经营方式灵活多样。零售商可以分为以下几种：

（1）专业商店。这是以专门经营某一大类商品为主的零售店，如办公用品、家具、药品、服装、体育用品等专业商店。专业商店是目前零售业态发展势头良好的一种零售形式。它不仅能满足顾客挑选方面的要求，而且容易树立商店的品牌形象。经营者一般有较专业的商品知识，能够为消费者提供商品使用、维护、保养等方面的建议。

（2）超市。小型超市一般位于市区、商业中心和居民区，经营结构以包装食品、生鲜食品和日用品为主，大型超市一般位于市区商业中心、交通要道或大型居民区，可以满足顾客一次性购齐全部日常生活用品的需要；售卖方式采取自选销售，分设出入口，在收银台统一结算。

（3）便利店。便利店是满足消费者便利需求的零售店。其选址位于商业中心、交通要道，以及车站、码头、医院、学校、加油站等公共活动区；商品经营结构以食品、日用小百货为主，具有即时消费、小容量、应急性等特点；注重服务。

案例拓展9-4

盒马鲜生是一家支付宝会员生鲜体验店，从2016年1月13日在上海开业到现在，有36家店分布在全国各地。盒马鲜生采用"线上电商+线下门店"的经营模式，集"生鲜超市+餐饮体验+物流配送"为一体。线下开设门店，以场景定位的方式销售来自103个国家、超过3 000种的商品；线上依托其实体店，提供3公里以内、半小时送达的快速物流配送服务。盒马鲜生线下实体店不同于一般超市，消费者到店不仅可以买到所需的生鲜、食品半成品，还可以直接将选好的海鲜当场在餐饮区加工，直接堂吃或带回家吃。这就是盒马鲜生创新点之一。这种新的消费体验解决了年轻上班族的吃饭问题，还吸引了大量的顾客前来体验。盒马鲜生店铺位置选在交通比较便利的地方，通常接近公交站点，消费者在下班时可顺道来店里购物。

（4）专卖店。专卖店是专门经营或授权经营制造商品牌，适应消费者品牌选择需求的零售店。其选址多在繁华商业区、商业街、百货商店或购物中心；商品结构以著名品牌、大众品牌为主；商店的陈列、装潢、灯光、布局讲究；采取定价销售，注重品牌名声。

（5）百货商店。其选址位于城市商业中心或历史形成的商业聚集地；商圈一般比较大，目标顾客以追求时尚和品位的消费者为主；商品门类齐全，综合性强；售卖普遍采取柜台销售和开架式销售相结合的方式。

（6）折扣店。折扣店类似于百货店，价格低廉；折扣店的所有商品都标有折扣价，价格大幅度低于一般商店；商店采取自我服务方式，设备简单，很少提供送货服务；店址大多位于物业租金较低且交通又较方便的地区。

（7）购物中心。购物中心是多种零售店铺、服务设施集中在一个建筑物内或一个区域内，由开发商有计划地开发、管理、运营的，为消费者提供综合服务的商业集合体。购物中心一般设有银行、邮局、医院、剧场、儿童游乐场、理发店、美容店、洗衣店、照相馆等服务设施，能够满足顾客购物、餐饮、娱乐、休闲等"一站式"的多种需要。

（8）仓储会员店。它是以会员制为基础，储销一体、批零兼营，以提供有限服务和低价格商品为主要特征的零售业态。其仓库与商场相结合，采用货仓式销售；选址一般在城乡接合部，交通方便；自由选购与导购相结合；投入费用低，以廉价吸引顾客，具有价格优势和地域优势。

（9）无门市销售。其涵盖的范围很广，是近年来发展很快的零售形式，大致有邮购、电话购物、电视购物、网上购物、上门推销、自动售货机等。

五、渠道发展新趋势

信息技术将人类带入了移动互联网时代。在移动网络环境下，营销渠道呈现以下趋势：

（一）营销渠道趋于扁平化

渠道扁平化是企业利用现代化的管理方法和高科技技术，把产品出售（传递）给最终消费者时，最大限度地减少销售层级的渠道变革。

在传统的市场条件下，商品经过层层营销渠道传递至消费者，而在信息技术蓬勃发展的今天，很多商品可以数字化，通过网络从厂商直接传递给最终用户，比如音乐、图书、软件等。另外一些商品不能数字化，但通过信息技术的采用可以省略掉或者大大减少原来由渠道成员承担的部分职能，如传递信息、展示产品的职能。网络技术的广泛运用颠覆了多层次的长渠道模式，使渠道扁平化成为渠道发展的趋势。

（二）全渠道零售的出现

信息技术将人类带入了移动互联网时代。在移动互联网环境下，企业根据目标顾客的消费行为，对市场营销渠道作出调整，全渠道零售应运而生。

1. 全渠道零售的含义

全渠道零售是企业为了满足消费者在任何时间、任何地点、任何购买方式的需求，采取实体渠道、电子商务渠道和移动电子商务渠道整合的方式销售商品或服务，提供给消费者的购买体验。全渠道零售，是企业在新的营销环境下对尽可能多的零售渠道进行组合和整合（跨渠道）的行为，以满足顾客购物、娱乐和社交的多样性体验需求。企业可以整合的渠道包括线下的实体店、线上的店铺和信息媒体（如网上商店、直播平台、呼叫中心、电子邮件、微博、微信等）。

2. 全渠道零售对企业的影响

全渠道为商家拓展了除实体店之外的线上虚拟商圈。企业或者商家的商品、服务可以跨地域延伸，甚至可以开拓国际市场，可以不受时间限制24小时进行交易。全渠道对实体店和电商渠道、移动电商渠道的整合不仅扩大了企业产品的销路，而且优化了企业资源，原有的渠道能够承担新的功能，如实体配送功能。全渠道能够实现对消费者的全面的管理和服务，通过线上线下的会员管理，能够充分积累会员资源，为会员提供积分累计、增值优惠和打折促销服务。

全渠道零售是消费领域的一场革命。随着消费者的消费习惯和消费需求的改变，市场营销理念将从传统的的"终端为王"转变为现代的"消费为王"。企业必须在市场定位、渠道建立、终端建设、服务流程、商品设计、物流配送、生产采购、组织架构等方面作出调整，满足消费者的消费需求。企业的渠道建设也由以往的实体渠道向全渠道转型，建立电子商务渠道和移动电子商务的营销、运作、物流配送流程，组建运营团队，培养适应于全渠道系统的人才。

案例拓展9-5

　　"双11"当天，在全国范围内与京东超市全渠道项目合作的超300个合作商家、超6 500家门店成交额同比增长6倍。

　　其中，合作商家沃尔玛成交额同比增长4倍，华润万家成交额同比增长6倍。京东的"全渠道十大能力模块"覆盖数智化系统改造、拓展销售渠道、增强货品调配、提升采购效率、强化溯源品控、客群精准触达、打造爆品策略、提升新品动销、加速供应链响应以及本地场景。得益于覆盖食品、酒水、母婴、生鲜、个护、清洁等庞大的产品品类，配合会员制电商、线下卖场的布局，以及与众多外部电商平台、商超合作伙伴、便利店、社区团购等多业态的深入合作，京东超市的全渠道能力迎来了大爆发。数据显示，京东超市全渠道强控场布局近3 000家线下门店，可调动的商家超10 000家，覆盖社群超5 000个，触达人群超千万人次，京东超市全渠道规模、销售效率、销售增幅均创历史新高。

任务二　分销渠道的选择与管理

一、影响分销渠道选择的因素

（一）产品因素

（1）单位产品价值。单位价值高的产品宜采用短渠道；单位价值低的产品宜选择长渠道。

（2）体积和重量。体积和重量大的产品，需选择短渠道；反之，可以选择长渠道。

（3）技术性。产品的技术性越强，渠道应该越短，这样有利于生产商提供良好的售后服务和技术支持；而技术性不强的产品，可以采用较长的渠道。

（4）易腐性。易腐的产品应当选择短渠道；不易腐的产品可以选择长渠道。

（5）时尚性。时尚型产品宜采用短渠道，以加快进入市场的速度。

（6）标准化。产品标准化程度高，可以利用长而宽的渠道，因为标准化程度高的产品用户数量多，需要更多的中间商进行分销，以满足市场需求；标准化程度低的产品，尤其是定制产品，顾客数量少，可采取直接渠道。

（7）产品生命周期。产品的生命周期越短，越需要短渠道；反之，则采用长渠道。

（二）市场因素

（1）目标市场范围。目标市场范围越大，渠道相应越长。

（2）市场集中度，即消费者的集中程度。市场集中度高，可采取短而窄的渠道；市场集中度低，顾客分布较分散，则需要更多地发挥中间商的分销功能，尽可能选择长而宽的渠道。

（3）购买行为，即顾客习惯于何时、何地、以何种方式购买产品。顾客购买批量大，可选择短渠道；反之，选择长渠道。顾客购买频率高的产品，需要通过宽渠道、长渠道来进行分销；购买频率低的产品，可以选择短渠道。

（4）竞争者因素。如果产品具有较强的竞争力，可以选择与同类产品相同的分销渠道；反之，如果产品在同类产品中不具竞争力，最好另辟蹊径，选择适合自己的分销渠道。

（三）企业自身因素

（1）企业自身的资源条件。企业规模大，经济实力强，对渠道模式就有更大的选择余地。生产商有足够的资金来支持市场调查、广告、推销人员和产品储运等方面的费用，可以选择直接渠道。企业实力弱，需要依靠中间商分销产品，就选择间接渠道。

（2）企业对渠道的控制力。如果生产商为了充分宣传本企业产品和有效控制产品的服务和零售价格等，希望对分销渠道进行高强度控制，且具有较强的渠道控制能力，就可选择短渠道、直接渠道。

（3）企业的管理水平。企业利用中间商的目的在于他们能够有效地推动产品进入目标市场。如果生产商在销售、储运安排、零售运作等方面经验丰富，管理水平高，则不必依靠中间商或者较少地依靠中间商；反之，就要选择可靠的、有信誉和实力雄厚的经销商。

（四）经济效益因素

经济效益的高低与分销渠道的长短关系密切。一般来说，缩短渠道能够减少流通环节，加快产品流通，节约社会劳动，提高经济效益。企业的产品大多数可以通过不同的分销渠道销售，但企业需要比较、分析不同分销渠道的成本、收益，综合考虑渠道对企业经济效益的影响。

（五）政策因素

一个国家的法律和法规会对产品的分销渠道产生影响。例如，有的国家或地区规定有些产品专营，对某些产品进出口加以限制等。因此，企业应该在不违反政府有关规定的前提下，选择分销渠道。

二、分销渠道策略

可供企业选择的分销渠道策略主要有广泛性分销渠道策略、选择性分销渠道策略和独家分销渠道策略。企业根据市场现状、消费者需求、竞争状况，以及企业的实际情况，选择合适的分销渠道策略：

（一）广泛性分销策略

广泛性分销策略又称密集型分销，指企业通过尽可能多的中间商来销售其产品，分销渠道尽可能拓宽。其目的是扩大产品的市场覆盖面，方便消费者购买。企业通过多家中间商、广泛的分销范围，使消费者能够随时随地买到需要的产品，提高产品的市场占有率。

一般情况下，日用消费品和工业生产中的易损易耗品适合采用这种策略。例如牙膏、毛巾、洗衣粉等生活用品，消费者产生需要时希望能够迅速方便地买到，而不需要到大商店购买。通常，采用这种策略的企业单独负担产品全部的广告宣传费用。

（二）独家分销策略

独家分销策略是指企业在某一区域的目标市场上只选择一家中间商销售其产品。采用这种策略的企业会与经销商签订独家经销合同，规定双方的权利和义务。企业采用独家分销，能够保持对渠道的高度控制，如对产品价格、品牌形象和服务等的控制；在广告与其他促销活动方面，易于与中间商取得合作，提高中间商的推销和经营的积极性，加强对消费者的服务。中间商最欢迎独家经销，因为这种方式排除了竞争，利润较高。这种策略的不足之处是寻找到理想的中间商并不容易，要想更换中间商则可能会失去该市场。

（三）选择性分销策略

选择性分销策略是指企业在某一区域目标市场上只选择几个较为合适的中间商来销售其产品。这有利于制造商借助中间商的信誉和形象提高产品的销售量。一般而言，消费品中的选购品比较适合采取选择性分销策略。

采用这种策略时，企业会逐步选择淘汰掉一些效率低、能力弱的中间商。通过长期合作，企业与中间商关系密切，配合协调。从生产者的角度看，产品可以占领一定的市场，提高销售量，降低成本；从中间商的角度看，可以维持一定的产销关系，增加销售额，并能获得一定的利润。

想一想

豪华跑车、彩电、饮料、书籍等产品适合采用什么样的分销渠道策略？

三、分销渠道成员选择

（一）调查中间商

分销渠道成员主要是中间商。生产企业可以采用以下方式调查中间商：

（1）追根溯源——利用终端倒推法则，向终端打探其进货单位。

（2）旁敲侧击——向同行打探，在与同行的谈话中了解中间商口碑。

（3）察言观色——冷眼探察，不露身份，暗中观察中间商的行为。

（4）顺藤摸瓜——外围突破，通过打探银行、协作单位等中间商的合作伙伴了解中间商。

（5）投石问路——变换身份与中间商接触，以二级批发商、零售商等身份电话询问。

（6）开门见山——登门洽谈，面对面、真诚地与中间商交流与洽谈。

（二）选择和评估中间商

企业在选择渠道成员时，需要对中间商进行评估。常见的评估标准有三个，即经济性、可控性和适应性，其中最重要的是经济性。具体的评估指标包括：（1）合法经营资格；（2）目标市场定位；（3）地理位置；（4）营销策略；（5）销售能力；（6）服务水平；（7）储运能力；（8）财务状况；（9）企业形象；（10）管理水平。

案例拓展9-6

通过在中央电视台投放广告，劲酒逐步树立起了高品质保健酒的品牌形象。劲酒确立了"健康饮酒"的营销观念和品牌内涵，邀请著名相声演员姜昆拍摄了主题为"劲酒虽好，可不要贪杯哦"的经典广告片，亲和关切的广告语令观众印象深刻。

从渠道上看，劲酒放弃高端餐饮酒店，通过销售团队与经销商合作，占领了大量小餐饮终端。为了有效地管理遍布城乡的全国性渠道，劲酒建立了省级营销经理、地市级营销经理、县级销售代表组成的三级营销管理模式和厂商和谐共赢的合作模式，组建了高达8 000人的营销队伍帮助经销商开拓市场和进行渠道管理。此外，劲酒还改变了地级市只有一个经销商的做法，在大的地级市下面的县招纳若干个新的经销商；同时，劲酒在线上线下展开铺货促销，铺货对象主要是各地的餐饮店。

四、分销渠道的管理

在选择分销成员的同时，企业应该对分销成员的角色、发展以及培养负起责任，加强对渠道成员的管理和指导，保证分销渠道适合企业的营销战略。

（一）明确渠道成员的权利和义务

为了保证生产商的产品流通顺畅，生产商有必要明确渠道中各成员的权利和义务，主要内容有：产品的交货时间、价格、支付条件及保证、给予的地域权利、产品促销、售后服务等。

（二）建立有效的激励制度

生产企业可以采用以下方法激励中间商：

（1）向中间商提供适销对路的优质产品。

（2）给予中间商尽可能大的利润空间。

（3）协助中间商进行人员培训。

（4）提升中间商地位。

（5）双方共同开展广告宣传或促销活动。

（6）对成绩突出的中间商给予奖励。

（三）建立正确的销售绩效评价体系

生产商需要定期评价渠道成员的绩效，以确定是保留还是取消中间商的成员资格。具体评估内容包括：

（1）检查中间商完成的提货量以及本企业产品的市场覆盖率。

（2）检查中间商的促销活动落实情况。

（3）检查中间商同时经销多少种与本企业相竞争的产品。

（4）检查中间商执行企业产品定价的情况。

（5）检查中间商为用户服务的态度和能力，以及它们是否令用户满意。

（6）计算中间商的销售量在企业整个销售量中所占的比重。

（四）串货管理

所谓串货，是指分销渠道成员为了牟取非正常利润或者获取制造商的返利，超越经销权限向非辖区或者下级分销渠道销售产品。

串货的原因主要有：某些地区市场供应饱和；广告拉力过大而渠道建设没有跟上；企业在资金、人力等方面的不足，造成不同区域之间渠道发展的不平衡；企业给予渠道的优惠政策各不相同；运输成本不同等。

企业必须对串货采取有效措施：弄清货物流向，合理划分销售区域和市场；制定合理的价格政策、激励政策和目标任务；实施串货保证金制度；加强市场监控，加大处罚力度，加强教育引导。总之，公司需要制定严格的渠道政策，采取有效的手段实现对渠道的管理和控制。

案例拓展9-7

　　娃哈哈产品遍布中国，占据了较大的饮料市场份额。娃哈哈采取以总部—各省区分公司—特约一级批发商—特约二级批发商—二级批发商—三级批发商—零售终端的渠道模式。其中，与集团直接发展业务关系的为一级经销商，目前有2 000多家。纵观娃哈哈的渠道管理，其联销体模式是取得成功的关键。

　　1996年前后，饮料市场竞争加剧，市场秩序混乱，导致了多头经销、串货严重、产品出现暂时滞销的情况。娃哈哈为了有效管理市场，推出了非常有名的联销体模式。联销体模式的核心内容是逐级保障利润空间，让经销商为企业织网。具体操作模式如下：①延续保证金制度，捆绑利益；②销售区域责任制；③价差体系设计；④3月退换货体制；⑤内部销售人员责任制；⑥专业的市场督导制度。

　　娃哈哈的销售人员要帮助商家开拓市场，这为商家分担了大量的市场压力。商家在接受销售人员帮助的同时，意味着自己在娃哈哈产品的销售上成为依赖的一方，而企业利用商家在当地的资源逐步把持住市场主动权，为其强势执行渠道管理策略奠定了基础。娃哈哈的联销体模式之所以能够取得成功，原因是多方面的：首先是因为产品具有高额利润空间；其次是保证金制度约束了商家的行为；最后是分散了商家的市场开发压力，削弱了商家独立性。

　　娃哈哈联销体模式其实是一种非常"个性化"的渠道模式。企业的渠道设计，必须根据企业的产品特性、销售特征、顾客特征、价格空间、品牌优势、内部人员等因素，有针对性并且有序导入，才能取得成功。

职场对接

　　张磊在店里工作一段时间之后被调到市场部，负责新市场的开发。公司安排张磊负责重庆市场的开拓。张磊应如何开展工作？

知识回顾

1.单项选择题

（1）分销渠道在同一层次上中间商数目的选择，称为分销渠道的（　　　）选择。

A.长度　　　　　　　　　　　　　B.宽度

C.深度　　　　　　　　　　　　　D.关联度

（2）向最终消费者直接销售产品和服务，用于非商业性用途的活动属于（　　　）。

A.零售　　　　　　　　　　　　　B.批发

C.代理　　　　　　　　　　　　　D.经销

（3）批发商最主要的类型是（　　　）。

A.商人代理商　　　　　　　　　　B.商人批发商

C.经纪人　　　　　　　　　　　　D.制造商销售办事处

（3）（　　）是接受生产者委托，从事商品交易业务，但是对商品没有所有权的中间商。

A.代理商　　　　　　　　　　　　B.经销商

C.零食商　　　　　　　　　　　　D.制造商销售办事处

（4）当目标顾客人数众多且分散时，生产者倾向于利用（　　）。

A.长而宽的渠道　　　　　　　　　B.短渠道

C.窄渠道　　　　　　　　　　　　D.直接渠道

（5）非标准化产品或单位价值高的产品一般采取（　　）。

A.广泛分销　　　　　　　　　　　B.直接渠道

C.密集分销　　　　　　　　　　　D.多渠道

2.多项选择题

（1）企业可以选择的分销渠道策略包括（　　）。

A.广泛性分销策略　　　　　　　　B.独家分销策略

C.联合分销策略　　　　　　　　　D.选择性分销策略

（2）当生产者对中间商激励不足时，会导致（　　）。

A.销售量提高　　　　　　　　　　B.销售量降低

C.销售量不变　　　　　　　　　　D.利润减少

E.利润提高

（3）产生串货现象的主要原因有（　　）。

A.某些地区市场供应饱和　　　　　B.各地运输成本不同

C.激励不足　　　　　　　　　　　D.产品差异

E.地区差价

（4）企业在分销渠道选择中要考虑的因素包括（　　）。

A.产品因素　　　　　　　　　　　B.市场因素

C.企业本身因素　　　　　　　　　D.经济效益因素

E.政府政策因素

3.简答题

（1）什么是分销渠道？分销渠道的职能有哪些？

（2）批发商和零售商有什么区别？批发商和零售商各有哪些类型？

（3）什么是直销？直销有什么优点和缺点？

（4）民营中小企业应怎样建立和管理分销渠道？

4.案例分析

降价背后的茅台渠道新布局

2012年春节后，一路高涨的国酒茅台价格大幅回落。春节前价格在2 300元/瓶左右的飞天茅台，如今已回落到了1 800~1 900元/瓶，有的地方甚至低至1 600元/瓶。

虽然节后是消费淡季，但如此大的降价幅度实属罕见。

茅台酒价格下降的原因是多方面的，茅台酒厂在2011年年底公布了开设直营店的决议是导致茅台酒降价的原因之一。

早在2011年就有媒体报道，2012年高度茅台酒将新增市场投放量1 800吨，茅台酒厂将在全国主要城市开设直营店100家。增加的市场投放量将全部供应至茅台直营店。茅台将以现有渠道和直营店两条腿走路。这个消息如平地惊雷，引起白酒行业高度关注，茅台经销商普遍预测直营店的零售价格较低，担心茅台价格会回落，于是部分经销商开始抛售过去的存货。

多年来，茅台一直强调经销商的利益和飞天品牌的和谐发展，坚持"品牌属于所有经销商，品牌属于所有中国人"的理念，赢得了广大经销商的认可，而经销商也为茅台酒的销售立下了汗马功劳。这100家直营店的建成，将在配额和价格上对经销商造成影响，无疑是对现有渠道的冲击。

2004年以前，茅台的主流渠道是覆盖面广泛的各省市糖酒公司，茅台酒厂70%以上的产品都通过这类渠道销售。随着消费环境的改变，竞争对手通过发展各类销售渠道崛起，为了应对激烈的市场竞争，茅台开始了渠道变革之路。通过有计划地发展经销商，茅台将大批经济实力和经营能力兼备的经销商发展到企业的营销网络中来。2004年，茅台推出了全新的渠道策略——总经销制，分片区成立分厂，辖区内的经销商都必须从分公司提货而不再直接同茅台酒厂联系，形成了以一家大经销商代替过去多家经销商同级共存的模式。

同时，茅台酒厂为了保证消费者就近能买到货真价实的茅台酒，按照统一标准大力进行"专卖店"建设。自2001年起就着手打造的"国酒茅台专卖店"，如今已经构成"贵州茅台"的核心分销渠道之一。目前，全国茅台酒专卖店数量已达1 300多家，其中绝大多数为经销商所有，茅台自营店只有16家。

资料来源 吴花果. 降价背后的茅台渠道新布局［J］. 中国商界，2012（4）.

思考题：

（1）茅台酒厂大力推广直营店的计划对茅台酒、经销商和消费者各有什么影响？

（2）茅台酒厂大力发展直营店究竟意欲何为？

项目实训

◆ 训练目标

1.巩固所学的分销渠道知识。

2.通过小组讨论，培养学生应用所学知识分析分销渠道、选择分销渠道的能力。

3.通过小组讨论，让学生学会沟通，学会合作。

4.通过角色扮演，培养学生渠道开发的意识。

◆ 训练内容

1.小组讨论：模拟公司的产品是否准备同时开发线上线下渠道，为什么？

2.小组讨论：模拟公司的产品准备采用什么样的分销渠道策略。

3.采用角色扮演的方式，将模拟公司的产品推荐给经销商，在角色扮演中学会市场开发。

◆ 训练方法

讨论法、角色扮演法。

◆ 训练建议

1.要结合产品特点、目前的市场情况分析模拟公司分销渠道。

2.角色扮演要能展示市场开发的场景，呈现市场开发的技巧。

◆ 考核与评价

评价考核标准见表9-1。

表9-1　　　　　　　　　　　　　　　评价考核标准表

评价考核标准	分值
表演完整	25
表演者声音清晰、语言流畅	25
眼神有交流，表演到位	25
全组成员认真参与，相互配合默契	25
合　计	100

认知网络营销

引导案例

2021年12月20日，税务部门公布了对网络主播黄薇（网名：薇娅）偷逃税的处理结果。黄薇通过隐匿个人收入、虚构业务转换收入性质进行虚假申报偷逃税款，被依法追缴税款、加收滞纳金并处罚款，共计13.41亿元。

财税、法律界专家学者认为，税务部门作出的处理处罚决定体现了税法权威和公平公正，再次警示网络主播从业人员，网络直播非"法外之地"，要自觉依法纳税，承担与其收入和地位相匹配的社会责任。

多名专家表示，随着税收监管力度的不断加大和税收大数据威力的日益显现，任何心存侥幸、铤而走险的偷逃税行为，都将被依法严惩。

一些平台负责人表示，通过此次案件的曝光，进一步认识到平台企业的监管义务，将认真依法履行个人所得税代扣代缴义务，督促协助平台主播依法依规办理纳税申报，并积极配合税务机关依法实施税收管理，为直播行业健康发展贡献力量。

依法纳税是每个公民的基本义务，任何偷税漏税者都难逃法律严惩，享受了时代红利的网红们也不例外。头部网红是超高收入人群和先富代表，更应坚守法律底线、积极承担社会责任，成为依法纳税的表率，为推进社会公平作出贡献。

请思考：

你认为应如何引导网络直播从业人员自觉遵纪守法？

任务一　认识网络营销

一、网络营销的概念

网络营销是以互联网为主要营销手段，为达到一定的营销目的而开展的市场营销活动。网络营销贯穿企业开展网上经营的整个过程，从信息发布到开展市场调查、客户关系管理，到产品开发、制定网络营销策略、网上采购、销售及售后服务。网络营销是企业整体营销战略的一个组成部分，是以互联网为基本手段，营造网上经营环境，为实现企业总体经营目标所开展的各种活动。网络营销与传统营销的本质是相同的，都是为了了解顾客需要并满足他们。

网络在人们的日常生活中扮演着越来越重要的角色。中国网民人数位居全球第一，这给企业带来了无限的商机。庞大的消费者群体以及企业商业习惯的变化，给网络营销提供了广阔的空间。

案例拓展 10-1

海尔的微博营销

提起海尔，人们的固有印象是民族家电企业或者"海尔两兄弟"的动画片，但是如今已经 33 岁的海尔却成了"新晋网红"。

这要从一个网友在微博上发文称想要购买一台豆浆机说起。

这条普通微博，却引来了 200 多个官微在评论区的一片混战，该微博的转发量很快就超过 12 万，评论超过 9 万！海尔的官微表达"选我，其他都是尘土"更是让人们大加赞赏。

企业官微作为企业产品和理念的传声筒的刻板印象早已深入人心，微博里不外乎广告和抽奖，但此次联合的互动，却让众多网友惊叹：没想到你们是这样的企业号！此次互动不但让众多企业的曝光度大大提升，广告硬植入的不适感也完全消失不见，可以说这是一次典型的互联网思维的成功案例。

在微博红利期高峰已过，99% 的企业账号都开始降低更新频率，削减运营团队之时，海尔却反其道而为之，不断更新微博，在各大微博红人区抢热门评论，抢回复，与网友互动，众多网友禁不住感叹：没想到你是这样的海尔！

海尔的成功在于打破传统，在微博上去官方化，致力于趣味化、年轻化，顺应了时代的潮流，更接地气。

资料来源　猛犸营销. 近年来那些让人赞叹不已的经典网络营销案例［EB/OL］.［2019-01-31］. http://www.sohu.com/a/143437943_819051.

思考：海尔是如何利用微博进行营销的？这种营销方式与传统营销方式相比有什么优势？

二、网络营销的特点

在移动互联网时代，网络营销作为市场营销的一个组成部分，它的影响力与日俱增。网络营销作为一种新的营销手段，它有以下几个特点：

（一）市场全球化

互联网的连通性，决定了网络营销具有跨国性；互联网的开放性，决定了网络营销具有全球性。传统营销是在一定范围内去寻找目标客户，而网络营销却是在一种无国界、开放的全球范围内开展营销活动。

（二）低成本

网络营销通过互联网进行信息交换，代替传统营销的实物交换、实地面谈。这种营销方式可以降低印刷成本，可以无店面销售，免交租金，节约水电费与人工成本等，极大地提高了营销人员的工作效率。

（三）价格公开化

在传统营销模式下，信息的不透明使得企业根据地理、文化等差异对同一件产品制定不同价格；信息的不对称，使得消费者在价格谈判中处于劣势地位。但在网络环境下，消费者可以通过网络对所需的产品价格进行全面的比较和选择，极大地提高了价格的透明度。

（四）渠道直接化

在传统的营销模式中，生产厂商与终端消费者之间往往穿插了多个级别的批发商与零售商，销售渠道非常复杂。在网络营销模式下，厂商通过网络直接与顾客进行联系并销售，使商品流通过程大为缩短，销售渠道更加直接化。

（五）产品标准化

传统的消费者习惯从与产品的直接接触中收集信息。例如，消费者通过嗅觉了解食用油的品质，通过观察、触摸，试戴认知珠宝的品质，认可珠宝的价值。因此，不能通过真实的触觉、嗅觉而展现的网络营销产品，最好是能够通过一系列标准化的数据来展示。网络营销企业要使用正确的方式描述产品，即用专业的、技术性的语言对产品进行描述。例如，描述一件上衣，要准确描述颜色、肩宽、胸围、衣长等，这样才能保证顾客真正挑选出符合自己需要的产品。

（六）交易虚拟化

这是网络营销最本质的特点，即销售是通过互联网进行的，交易双方从开始洽谈、签约到订货、支付等，不必当面进行，均通过互联网完成，整个交易完全虚拟化。

案例拓展10-2

随着乡村振兴战略深入实施，电商凭借便捷、高效、成本低、覆盖面广等优势，推动农村产业转型升级，让农业经济"活起来""火起来"。

"颗颗都是大的，颗颗都是饱满的。黑花生富含多种微量元素和氨基酸等营养成分，是馈赠亲友的佳品。买了不后悔，不买拍大腿！"5月13日，固镇县"农粮驿站"电商平台的主播通过直播，推销当地的特色农产品黑花生。

"农粮驿站"通过线上、线下相结合的方式，帮助农民销售农产品，带动农民持续增收。"农粮驿站"将固镇县分散的农产品集中后，统一对接市场，面向全国销售。当地特色农产品，如烤鸭蛋、黑花生、绿豆皮、生态大米等，被搬到网上销售，成了"网红爆款"。

三、网络营销的方式

在网络上开展营销的方式多种多样。企业运用网络营销，不仅可以实现产品销售，还能传递企业的声音，与消费者进行良好的互动，树立良好的企业形象。根据网络工具不同，企业的网络营销方式可以分为企业官网营销、电子商城营销、电子邮件营销、虚拟社区营销（包括 QQ 营销和论坛营销等）、微博营销、微信营销、百科/问答营销、直播营销、搜索引擎营销等。下面重点介绍其中几种网络营销方式。

1. 企业官网营销

这是指企业建立并推广自己的网站，利用网站完成特定的营销任务。

企业建立自己的网站开展营销有利也有弊。一方面，企业可以有效收集客户资料，提供更好的客户服务，同时也可以实现整个交易过程的电子化等。另一方面，创建、维护和运营一个企业网站不仅需要大量的前期投资，还意味着持续不断的投入。另外，企业网站还可能成为利益相关者的目标，企业必须对此有充分的认识并能采取预防措施。

2. 电子商城营销

电子商城营销是企业通过第三方提供的网络平台进行营销的一种方式。企业通过电子商城营销的好处有很多：首先，前期投入少，可以迅速启动；其次，电子商城服务商通常技术力量雄厚，所以安全性有保障；最后，电子商城的可见度高，有专业的营销支持。不足之处是企业要向电子商城服务商交纳费用，这种费用包括：生产企业给交易中间商的价格折扣、促销支持费用等，在电子商城网站建立主页的费用、维持正常运行的费用、获取信息的费用。企业在筛选电子商城时，应该从它的服务水平、成本、信用及特色等方面综合考虑。目前，很多企业都在淘宝网开设旗舰店，这是典型的电子商城营销。

3. 搜索引擎营销

搜索引擎营销就是根据用户使用搜索引擎的方式，利用用户检索信息的机会尽可能地将营销信息传递给目标用户。这是基于搜索引擎平台的网络营销，利用人们对搜索引擎的使用习惯，在人们检索信息的时候将营销信息传递给目标客户。搜索引擎营销受众广泛准确、方便快捷，可控性较强。采用搜索引擎营销的企业通过竞价排名、关键词广告、搜索引擎优化、搜索引擎广告、网站链接等方式将企业及产品信息传递给目标顾客，增加企业网站的曝光率，进而增加销售机会。在中国，众多的搜索引擎网站中，百度、搜狗知名度较高，是用户群体较大的搜索引擎产品。

4. 微信营销

微信营销是利用微信作为传播媒体，进行微视频、图片、文字的病毒式传播，是点对点的精准营销。微信本身的功能，像朋友圈、漂流瓶、微信红包、微信收付款、微信小程序都是开展营销活动的工具。微信是熟人社交，信任度高；微信容易圈子锁定，实现人群细分。现在，很多企业注册了微信公众号，利用微信公众号顺利实现市场调查、商品销售、商品咨询、售后服务以及和顾客的互动，实现对企业形象的传播。

5.虚拟社区营销

虚拟社区营销包括QQ群营销和论坛营销等。虚拟社区内聚集着相同爱好、经历或者专业相近、业务相关的网络用户。虚拟社区营销有着其他网络营销不可比拟的优势。一方面，虚拟社区能够创造合作经济。比如，消费者组成的社区论坛可以让成员之间互相交流使用新产品的经验，厂商能够从讨论中获得改进产品或营销策略的帮助，同时也能减少厂商技术服务人员的工作量，因为大多数问题在用户的交流中被解决了。另一方面，虚拟社区能够推动关系营销。虚拟社区有利于企业和消费者增进了解，进而建立起相互之间的信任，消费者很可能成为企业的忠实顾客，为企业带来交易额以外的价值，如推荐新顾客、为企业提供反馈意见等。

6.电子邮件营销

电子邮件营销指企业通过电子邮件方式向目标客户传递有价值的信息，进行市场调查以及直销。按照营销企业是否取得了向收件人发送邮件的许可，电子邮件营销又可以分为许可营销和垃圾邮件营销。虽然垃圾邮件营销被一些专家、学者所不齿，但其已经成为一种普遍的网络社会现象。电子邮件营销的最大优势是能够有效地维护客户关系。

7.直播营销

直播营销就是通常所说的直播带货，是指通过互联网站、应用程序、小程序等，以视频直播、音频直播、图文直播或多种直播相结合等形式开展营销的商业活动。自2021年5月25日起施行的《网络直播营销管理办法（试行）》对直播营销平台、直播间运营者和直播营销人员的管理均提出了明确要求。针对直播营销，中国广告协会先后发布了《网络直播营销行为规范》《网络直播营销选品规范》，旨在为直播营销行为及直播选品、直播销售和售后服务的活动提供指南。

想一想

2020年4月20日下午，正在陕西考察的习近平总书记来到柞水县小岭镇金米村。金米村位于秦岭深处，当地因地制宜，群众通过种植木耳实现脱贫。在村培训中心，几位村民正在做网上卖货的准备工作，习近平总书记走到直播平台前，同他们亲切交流。习近平说："电商，在农副产品的推销方面是非常重要的，是大有可为的。"

资料来源　根据2020年4月21日央视新闻整理。

直播带货除了促进农产品销售，还可以在哪些领域发挥作用？

任务二　制定网络营销策略

一、营销策略的改变

网络营销以互联网为依托，以新的方式、方法和理念实施营销活动，有效地促成个人和组织交易活动的实现。网络营销这种崭新的营销模式，其策略也将是一种崭新的组合，而最大的转变就是营销理论的转变，即4P向4C的转变（如图10-1所示）。

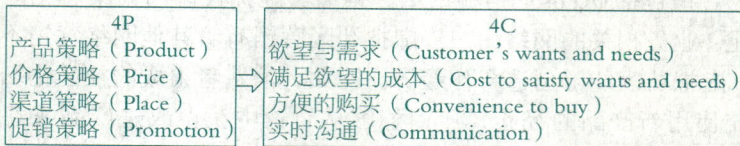

4P	4C
产品策略（Product）	欲望与需求（Customer's wants and needs）
价格策略（Price）	满足欲望的成本（Cost to satisfy wants and needs）
渠道策略（Place）	方便的购买（Convenience to buy）
促销策略（Promotion）	实时沟通（Communication）

图10-1　4P理论到4C理论

网络营销在理论上已经从传统营销理论中占中心地位的4P理论转向了4C理论。需要注意的是，网络营销并不是用4C理论代替了4P理论，而是通过网络实时地与顾客进行交互，能够清楚地了解每个顾客个性化的需求，从这个前提出发，相应地作出使企业利润最大化的4P决策。企业最终的操作还是4P，只是该4P已经包含了4C的信息。

拓展阅读：4P营销理论

二、网络营销的产品策略

网络市场不同于传统市场，在网上销售的产品没有传统销售中的试用、试穿、品尝等直观感受，不是所有的产品都适合在网上销售。另外，网络营销中企业与顾客间的交往更为密切直接，种种因素使得网络营销的产品策略不同于传统的营销策略。

（一）网络营销产品分类

按照产品性质不同，在网络上销售的产品可以分为两大类，即实体产品和虚体产品。

1. 实体产品

实体产品是指具有物理形态的物质产品。在网络上购买实体产品的过程与传统的购物方式有所不同。交互式交流成为网上买卖双方交流的主要形式。消费者或客户通过卖方的主页考察其产品，通过填写表格表达自己对品种、质量、价格、数量的选择；卖方则将面对面的交货改为邮寄产品或送货上门，这与邮购产品颇为相似。

2. 虚体产品

虚体产品一般是无形的，即使表现出一定的形态，也是通过其载体体现出来的，即产品本身的性质和性能通过其他方式才能表现出来。在网络上销售的虚体产品可以分为两大类：软件和服务。软件包括计算机系统软件和应用软件。网上软件销售商常常可以提供一段时间的试用期，允许用户尝试使用并提出意见。好的软件很快能够吸引顾客，使他们爱不释手并为此慷慨解囊。服务可以分为普通服务和信息咨询服务两大类。普通服务包括远程医疗、法律救助、飞机和火车订票、入场券预订、饭店旅游服务预约、医院预约挂号、网络交友、电脑游戏等。信息咨询服务包括法律咨询、医药咨询、股市行情分析、金融咨询、资料库检索、电子新闻、电子报刊等。

（二）产品选择策略

在目前的技术和经济发展水平下，并不是所有的产品都适合采用网络营销。到底什么样的产品适合进行网络营销，这需要结合网络的特点进行科学、合理的网络产品决策。以下几方面因素决定产品是否适合采用网络营销：

（1）产品是否容易无形化，是否容易通过网络传送。

（2）产品质量是否容易标准化，质量是否稳定。

（3）通过网络进行销售的成本是否低于其他销售渠道。

（4）产品式样是否确定，是否满足所选目标市场的需要。

（5）产品品牌是否醒目，是否为消费者所熟悉。

（6）针对网络用户或需要覆盖范围广的产品。

（7）企业是否有能力及时配送或有效利用社会物流系统。

想一想

既然网络营销有着许多传统营销不可比拟的优势，那是不是现阶段所有的小企业在发展初期为了赢得市场都要开展网络营销呢？为什么？

（三）产品销售服务策略

利用网络销售的产品，除了要将其本身的性能、特点、品质，以及为顾客服务的内容充分表现出来之外，更重要的是以人性化为导向的服务方式，特别是针对个别需求提供一对一的营销服务。在网络营销中，企业售出的不单是一些产品，更是一种综合服务的理念。企业进行网络营销时可采取的销售服务措施有：

（1）利用电子公告栏或电子邮件提供在线售后服务或与消费者双向沟通。

（2）在互联网上提供消费者之间、消费者与企业之间的讨论区，以此了解消费者的需求、市场趋势，作为企业改进产品、开发产品的参考。

（3）提供网上自动服务系统，依据客户需求，自动、适时地利用网络提供有关产品的服务信息。

（4）通过网络对消费者进行意见调查，了解消费者对于产品特性、品质、商标、包装式样等方面的意见，协助提高产品价值的同时也可以提升企业形象。

三、网络营销的价格策略

价格是营销策略中最活跃、最灵活、最具竞争力的因素，大多数的消费者网上购物的主要动机是节约支出。消费者希望通过广泛挑选和比较，购买到质量好、服务优、价格低的产品。

（一）网络营销的价格特点

（1）相对统一性。在传统营销模式下，由于信息不对称，厂商往往在不同地区，对不同层次的顾客采取不同的价格，以获取最大利润。但网络的开放性和主动性使得消费者可在全球范围内迅速收集并整合有关的信息，因而对价格的敏感性大大增强。这就决定了价格在不同地区，对于不同顾客具有相对统一性。

（2）可比性。由于网络的开放性和主动性，客户可以在全球范围内对目标产品进行比较选择，而网络营销实现了价格的可比性。

（3）低廉性。网上产品定价较传统定价要低。互联网可以从诸多方面帮助企业降低成本费用，从而使企业有更大的降价空间。

（4）协商性。在网络环境下，价格应以顾客能接受的成本来确定。企业以顾客为中心定价，必须测定市场上顾客的需求以及对价格认同的标准。企业与顾客双方在定价时是可以协商的。

（二）常见的网络营销价格策略

由于网络开放程度高，网络营销价格具有可比性，所以企业在选取网络营销价格策略时要考虑多方面的因素。以下是几种常见的网络营销价格策略：

（1）顾客主导定价策略。所谓顾客主导定价，是指为满足顾客的需求，顾客利用掌握的相对充分的市场信息来选择购买或者定制自己满意的产品或服务，同时以最小代价（产品价格、购买费用等）获得这些产品或服务。这种策略主要是顾客定制生产定价和拍卖市场定价。根据国外拍卖网站 eBay.com 的分析统计，在网上拍卖定价产品中，只有20%的产品拍卖价格低于卖者的预期价格，50%的产品拍卖价格略高于卖者的预期价格，剩下30%的产品拍卖价格与卖者预期价格相吻合。在所有拍卖成交的产品中，有95%的产品成交价格卖主比较满意。因此，顾客主导定价是一种双赢的策略，既能更好地满足顾客的需求，同时企业的收益又不受到影响，而且对目标市场了解更充分，企业的生产经营和产品研制开发更加符合市场竞争的需要。

（2）渗透定价策略。它是指产品一投入市场，就以低于预期的价格进行销售，力争获得较高的销售量和市场占有率，尽快占领市场。目前，网络营销产品的定价一般都是低价，以求在迅猛发展的网络虚拟市场中寻求立足机会。渗透定价策略适用于具有较大的成本优势的企业或者对价格十分敏感的消费者。如果产品是高新技术的新产品，顾客对产品的价格不太敏感，主要是考虑方便、新潮，这类产品可以考虑撇脂定价策略。

（3）免费定价策略。在网络营销中，一些企业通过实施免费定价策略来达到营销的目的。在网上，人们普遍使用免费电子邮件，获得各种免费软件、免费电子期刊等，这并不是传统市场中商家使用的那种"买一赠一"的销售手法，而是实实在在的经营行为，因此不妨将其称为"零价格策略"。免费定价策略主要用于促销和推广产品，这种策略一般是短期和临时性的。

四、网络营销的渠道策略

随着生活节奏的加快，消费者外出购物的时间越来越少，希望获得快捷、方便的购物方式和服务，网络营销可以大大提高购物效率。通过网络，消费者在家里就可获得相关产品的信息，通过对产品价格、性能等指标的比较，就可以足不出户挑选自己所需要的产品。在选定产品之后，数字化的产品，如软件、电子书报等，可以经由网络直接传至用户的电脑，而实物产品一般也由公司送货上门，因此用户购买的方便性大大提高。

网络营销的渠道策略有两种：一种是网络直销渠道。在网络直销中，生产企业可以建立自己的站点，申请自己的域名，让顾客直接从企业网站订货。这种方式最大的缺点就是面对同行的激烈竞争，企业自身的网站很难从众多站点中脱颖而出，最终铩羽而归，访问者寥寥无几。另一种是网络间接营销渠道。网络间接营销渠道是指通过网络营销的中间商把产品销售给消费者或使用者的营销渠道。传统的间接分销渠道可能有多个中间环节，但在网络营销中，由于互联网技术的运用，网络间接营销渠道只需要新型电子中间商这一中间环节即可。网络间接营销一般适用于小批量产品和生活资料的交易。

不管是网络直销还是网络间接销售，都要涉及信息沟通、资金转移和实物转移等。一个完善的网上销售渠道应由三大系统组成：订货系统、结算系统和配送系统。

（1）订货系统。它为消费者提供产品信息，同时方便厂家获取消费者的需求信息，以求达到供求平衡。现在比较流行的是"购物车"方式，让消费者一边看物品比较选择，一边进行选购，在购物结束后，一次性进行结算。另外，订货系统还应该提供产品搜索和分类查找功能，以便于消费者在最短时间内找到需要的产品，同时还应提供消费者想要了解的产品信息，如性能、外形、品牌等。

（2）结算系统。消费者在购买产品后，应该有多种方式方便地付款，因此厂家（商家）应有多种结算方式。目前流行的几种方式有支付宝、微信钱包、云闪付、信用卡、网上转账、邮局汇款和货到付款等。

（3）配送系统。一般来说，产品分为有形产品和无形产品。对于无形产品，如服务、软件、音乐等产品，可以直接通过网络进行配送。对于有形产品的配送，要涉及运输和仓储问题。对于选择网络直销的企业来说，可以选择自建物流系统，或者选择合作伙伴，利用专业的物流公司为网上销售提供物流服务。对于选择网络间接营销的企业来说，在选择配送系统时要受限于网络商品交易中介机构。

五、网络营销的促销策略

网络促销是指企业利用现代化的网络技术向虚拟市场传递有关产品和服务的信息，以激发消费者的购买欲望和购买行为的一系列活动。

虽然传统的促销和网络促销都是让消费者认识产品，引起消费者的注意和兴趣，激发他们的购买欲望，并最终实现购买行为，但是，互联网上的营销是一对一和交互式的。互联网为企业与顾客提供了一个全新的沟通渠道，顾客可以参与到企业的营销活动中来，因此互联网能加强企业与顾客的沟通和联系，了解顾客的需求，更易获得顾客的认同。如何通过加强与顾客的沟通争取顾客、与顾客建立亲密关系，发现顾客的更多需求，成为网络营销的焦点。目前常用的网络促销方法有以下几种：

（一）网络广告

它是通过互联网进行广告宣传，开展促销活动。其本质仍然是广告，仍然是企业将其产品推向市场，以获得广大消费者的认可，只不过网络广告是通过互联网这一特殊媒介进行推广的。网络广告具有宣传面广、影响力大，但费用相对偏高等特点。与传统广告不同的是，网络广告不受时空限制，且其定向与分类明确。例如，生产化妆品的企业，其广告主要定位于女士，因此可将企业的网络广告投放到与女士相关的网站上。这样通过互联网就可以把适当的信息在适当的时间发送给适当的人，实现广告的定向。从营销的角度来看，这是一种一对一的理想营销方式，它使可能成为买主的用户与有价值的信息之间实现了匹配。

（二）网络营销站点推广

它是指利用企业自己的网络站点，树立企业形象，宣传产品，开展促销活动。网络营销站点推广具有快捷、方便、费用较低的特点，供求双方可直接在网上洽谈，成交的概率较高。

（三）网上促销

它是指利用可以直接销售的网络营销站点，采用一些销售促进方法，如价格折扣、赠品销售、有奖销售、拍卖销售等方式，宣传和推广产品。

（四）网络公共关系

它是指借助互联网的交互功能吸引用户与企业保持密切关系，以培养客户忠诚度，并借此留住老客户，发展新客户。企业往往利用网络上的聊天功能，举行顾客联谊活动，或建立虚拟的网络团体，通过会员制加强顾客与企业的联系与交流，将顾客融入企业的整个营销过程，使所有网络会员能互惠互利，共同发展。随着互动的层次逐渐深入，企业与顾客之间的双向沟通也更加密切，为进一步营销奠定了牢固的基础。

案例拓展10-3

7种有营销目的的抖音玩法

最近，朋友圈常出现这样关于抖音的吐槽："抖音5分钟，人间1小时啊！"的确，抖音现在越来越火。从2018年春节到现在，抖音在下载榜已经挤掉微信、微博、今日头条等一系列耳熟能详的软件。接下来分享的7种玩法，指的是带有营销目的的抖音玩法。

玩法一：秀出产品，直接展示

如果产品本来就很好玩，自带话题性，那没必要绕弯子，直接用抖音展示产品即可。例如某款网红火锅神器，可以实现一键升降的功能。没有用过的人刷到这条抖音，可能会"哇"出声来——再也不用捞来捞去了！

玩法二：挖掘用途，产品延伸

有网友突发奇想地研究了海底捞"超好吃"的底料搭配法，据说"比点的底料还好吃"。随后，海底捞顺应抖音吃法，直接推出一系列"网红秘诀"。据一名海底捞服务员介绍，"最近一个月，五桌有三桌都是点抖音套餐，番茄锅底、油面筋几乎桌桌必点，连小料台上牛肉粒和芹菜粒的消耗都是之前的两三倍。"

玩法三：借助场景，尝试植入

这条抖音看起来只是一个生活小窍门或某个搞笑片段，但你在场景中悄悄做了植入——如桌角放产品、背后有品牌logo、背景有广告声音等，这样依然能起到很好的宣传效果。例如在某服装店内，店员很熟练地整理衣服；但是往后看，你能看到大大的品牌标识——没错，这就是一种植入。

玩法四：聚焦优势，夸张呈现

其实玩法三和玩法一"秀出产品，直接展示"的本质相同，都是展示产品本身。只不过，对于产品的某个或某几个独有的特征，可以尝试用夸张的方式呈现，便于受众记忆。

玩法五：借助场景，融入生活元素

为了让用户记住你家的产品，你也可以尝试把产品植入某个生活场景。

玩法六：展示口碑效应，突出火爆

你可以在抖音展示消费者排队、消费者的笑脸、与消费者合作的尬舞、被消费者打爆的预约电话等。

玩法七：曝光日常，传播文化

在抖音，将办公室文化、员工趣事等呈现出来。例如，小米的抖音账号之一"小米员工的日常"在春节前发出一系列办公室趣味抖音视频，看起来只是发年终奖、春节加班、发开年红包等琐碎场景，依然有大量网友去看、去评论。

资料来源　勾俊伟. 7种有营销目的的抖音玩法［EB/OL］.［2019-01-31］. http://www.yixieshi.com/112121.html.

思考：

为什么很多品牌商通过抖音来营销产品？平台提供方抖音在中间起了什么作用？

职场对接

公司在网上开设了旗舰店，将张磊调到网络营销部开展网上营销。张磊该如何开展工作呢？

知识回顾

1.单项选择题

（1）关于网络营销和传统营销的说法准确的是（　　　）。

A.网络营销暂时还是一种不可实现的营销方式

B.网络营销不可能冲击传统营销方式

C.网络营销最终将和传统营销相结合

D.网络营销将完全取代传统营销的一切方式

（2）关于网络营销说法不正确的是（　　）。

A.以互联网为主要手段　　　　　　B.以开拓市场、实现盈利为目标

C.不仅仅是网上销售　　　　　　　D.可以完全取代传统市场营销

（3）不属于网络营销的价格策略的是（　　）

A.顾客主导定价策略　　　　　　　B.渗透定价策略

C.免费定价策略　　　　　　　　　D.差异化定价策略

（4）麦包包通过淘宝商城的旗舰店实现其赢利的目的，该种网络营销的渠道策略为（　　）。

A.网络直销　　　　　　　　　　　B.网络间接营销渠道

C.网络广告　　　　　　　　　　　D.网络促销

（5）关于市场营销的"4P"与"4C"理论的说法正确的是（　　）。

A.在传统营销理论中，4C理论占主导地位

B.网络营销中，4C理论完全代替了4P理论

C.无论以哪种理论为基础，企业的最终操作还是4C

D.企业在清楚了解每个顾客的4C需求的基础上，作出相应的4P决策

2.多项选择题

（1）网络营销的方式有（　　）。

A.微博营销　　　　　　　　　　　B.电子商城营销

C.虚拟社区营销　　　　　　　　　D.电子邮件营销

（2）网络营销的4C理论包含（　　）。

A.欲望与需求　　　　　　　　　　B.满足欲望的成本

C.方便购买　　　　　　　　　　　D.实时沟通

E.成本策略

（3）网络营销的价格特点有（　　）。

A.相对统一性　　　　　　　　　　B.可比性

C.低廉性　　　　　　　　　　　　D.协商性

（4）无网站网络营销主要通过（　　）进行。

A.电子邮件营销　　　　　　　　　B.虚拟社区营销

C.电子商城营销　　　　　　　　　D.企业自建网站营销

（5）电子商城营销需要企业加盟，这种加盟的好处包括（　　）。

A.先期投入少，启动迅速

B.电子商务服务商技术雄厚，安全性高

C.有专业的营销支持

D.费用低

3.判断题

（1）如果顾客对产品的价格不太敏感，主要是考虑方便、新潮，这类产品就比较适合低定价的策略。　　　　　　　　　　　　　　　　　　　　　　　　（　　）

（2）在传统的促销中，顾客也可以主动接受相关促销信息。　　　　（　　）

（3）价格是营销策略中最活跃、最灵活、最具竞争力的因素。　　　（　　）

（4）相比传统营销，有形商品更适合网络营销。　　　　　　　　　（　　）

（5）在网络营销中，企业主要采取渗透定价策略。　　　　　　　　（　　）

4.案例分析

网上能卖，网下可以卖吗？

美国有个43岁的妇女，为她姨妈向政府申请到了一个免费的轮椅。她所做的不过是准备了一些必要的文件并填写了一些表格。为此，她还写了一篇如何向政府申请免费轮椅的报告。她在网上卖她的报告，她的成本仅是2美元，后来她每月可赚30 000美元。简直令人难以置信，如此简单的事会有市场，会有如此大的潜在利益！

随后，她又在报刊上做了广告，不过这次她却赔了钱。

思考题：

这位妇女在网上能卖的产品，网下可以卖吗？为什么？

项目实训

◆ **训练目标**

1.体验电子商务和网络营销。

2.了解网站的运作流程。

◆ **训练内容**

1.登录淘宝网（www.taobao.com）并注册淘宝账号。

2.通过淘宝网进行一次购物。

◆ **训练方法**

1.登录淘宝网并注册账号，记住账户名称和密码。

2.申请支付宝账号及密码。

3.浏览淘宝网页并选择一家店铺进行手机话费充值业务的交易活动。

◆ **训练建议**

1.必须记住注册的用户名及密码。

2.在交易前，必须了解所选卖家的信誉，并与之进行对话。

3.按照淘宝网上的购物流程完成交易后，绘制在淘宝网上购物的流程图。

4.提交一份对交易卖家的评价，包括对卖家服务态度（如价格、送货速度、客服人员态度等）、卖家店铺宣传广告及卖家信誉的评价。

◆ 考核与评价

考核与评价采取资料和现场表现相结合的方式，具体评分方式详见表10-1。

表10-1　　　　　　　　　　　　评价考核标准表

评价考核标准	分值
交易过程流畅，无差错	20
流程图绘制清楚、完整	40
评价包含题目要求，意思表达清楚、完整	40
合　计	100

◆ **背景资料**

王涛进入呦呦乳业公司市场部没多久，公司便安排他去开发云南曲靖的市场。王涛不知如何开展工作，去向自己的老师请教。以下是王涛和老师的对话。根据以下对话编制情景剧，情景剧要反映王涛根据老师的指引开拓市场的过程。

问：公司要求我开发经销商，我要怎么开发呢？

答：你们公司是做什么产品的？这个产品要到哪个地方去卖？这个产品是不是新品类？市场上有没有同类的，或者同样的产品？

问：我们是做婴幼儿奶粉的，你说我应该去哪里找经销商去？

答：你这个产品是什么包装，什么价格？

问：配方奶粉，有900克/桶装的，也有400克/盒装的，零售价格分别为238元和68元。

答：同类产品都在哪里卖？

问：有的在婴童店卖，有的在超市卖，有的在药店卖，有的在网上卖。

答：你们公司销售部门要求你去哪里卖这个奶粉？

问：公司领导要求我们去县城的婴童店卖，说那里好卖，好开发新客，好做客情，也好进店，只要我们给的利润足，产品质量好，就应该能卖得动。

答：非常好，你们公司选择这个渠道是非常正确的，因为婴童店作为渠道的一种形式，近几年高速发展，南方尤其发达，北方稍差一些。这个渠道的特点是连锁大店少、小店多，尤其是那种没有店员、只有老板的门店，更好进店。只要利润到位，产品品质过关，那是动销快、开发新客快的一种类型的门店。那你准备直接向婴童店销售奶粉？

问：老板说最好先找经销商，让其供应单体店，太大的连锁店我们先放放，等下一步由专业的经理去沟通。

答：那你不就知道你的产品在哪里卖了吗？

问：是的，知道了是在婴童店、单体店里卖，但是我怎么找经销商呀？

答：很简单呀，你去那个能卖奶粉的单体店里，和老板聊天，问他一些同类产品的销售情况，比如说你看到包装900克，零售价60~200元的产品有哪几个，拿起来，看看产品的有效期远近。一般来说如果不是新进店的产品，其生产日期离现在的日期越近，表明这个店里卖得越好；反之，如果奶粉桶上有一层灰，日期也很远，那一般情况下就是销路不好的，也就是说可能卖不动你的产品。但没有关系，你可以问老板，这些货快过期了，是谁给你送的货呀？你要找他调一下货了，这时老板一般都会跟你说是谁送的，送货如何，服务怎么样，给不给调货等，据此你就可以判断是不是你要找的经销商类型。如果产品有促销，清洁卫生很好，陈列很整洁，你就问一下，这个是谁给你送的货？他的服务怎么样？顺便问一下送货的电话号码，一定要记下来。这样走上3～5家门店，基本上你就能判断出这个县城里谁送货及时、服务好、能够把你的产品铺到每一家门店去。找到电话了，应该怎么办？

问：那就给他打电话。

答：马上就打吗？

问：是的，我着急呀，马上就打。

答：那你怎么说，怎么介绍你自己？怎么介绍你的产品呢？

问：这个这个……

答：你要知道他的配送能力、服务能力、经营品牌、几天送一次货、公司叫什么名字、老板叫什么名字、有几名员工，甚至经营理念都有了，那么怎么组织语言去电话沟通应该知道了吧？

问：哦，听你这么一说，我还得准备点儿内容再和他聊呢。

答：那是自然，你不但要准备，还要好好准备，要确保一个电话调动起他的兴趣，让他马上想要见你，约定见面时间；一次会谈，让他签约，准备打款并把运作县区的市场思路提出来；还要认真审查，报给公司审批后再给他回复，达到这样的效果才行呀。

问：那我是不是要这样准备：这个县城有多少人？主要产业是什么？收入构成有哪些？有多少乡镇？有多少门店？他现在做多少品牌？有几辆车？仓库面积有多大？一年的营业额有多大？这样我再给他打电话约谈是吧？

答：是的。比如说，电话接通，请问您是××公司的×总吗？我是××品牌负责这里的销售人员，我走访了××产品十几家门店，发现您的生意做得很好，但是还有一些生意机会，想和您聊聊，看您什么时间有空？（这样说一是我知道您公司并知道您的姓名；二是我走得很细，走了您的合作伙伴；三是发现生意机会，可以理解为可以给您提供新品牌去经营，也可以理解为您还有做得不到的地方，我给您提点建议；四是看您的时间，代表我在等您）。如果对方说我今天有空，那么不要急着见他，而应该说不好意思，上午我约了××公司的××面谈，下午有空（这个××公司最好是他的竞争对手，且实力比他还强的，这样既告诉他你想见他，又告诉他还有别人），要不我去您公司面谈吧，这样把见面的时间及地点定下来（定在他公司，一方面说明你已经知道他的办公地点，另一方面也可以去看看他的经营实力及管理水平）。

问：哦，我之前还真没有注意过这方面的事情，一般都没有准备那么充分，怪不得每次电话中他们都不愿意和我谈呢？以后要注意这些细节，约完后，好好准备一些资料，我就应该去跟他谈了，怎么谈呢？我谈了几个后来等他们电话，都没有下文了。

答：说到准备资料，我想问一下你都准备了哪些资料呢？

问：公司给了我一些资料，像产品手册，上面有各级价格、包装形式、公司支持、公司介绍、经销商合同、经销商开户前信息采集表。

答：很好，怎么证明你是这家公司的呢？

问：哦，还有名片、工卡，电话可以联系到公司的客服，证明我是公司的人。

答：这些都是常规的，那么你确认你的产品能给他带来什么不一样的收益，品牌方面的、网络方面的，还是利润方面的呢？

问：这个我倒没有想，我想我们这个产品品质好，也有利润，应该就行了吧？还要别的吗？

答：是的，品质好，他一天见几个厂家的业务员，谁不说自己的品质好，你的特点在哪里？利润，经商就是求利，你的利润是比同类的品牌利润高还是比别的品牌利润低？这些你准备好回答了吗？

问：这个还没有。

答：那就再了解一下这几个情况，然后下午去谈的时候就有数了。

问：那倒是，我这就去约谈。

答：具体如何谈，如何开场，如何依次抛出不同的谈判内容引起客户的注意，以及兴趣，因每次谈判的时间、地点、人员各不相同，你要随机应变。但可以提示的是，一是谈判要注意做好准备工作，做到心中有数；二是要求大同存小异，一次不能达到目的就分次谈，但不要谈崩；三是遇到重点客户请求上司或者老员工作协同谈判；四是做到进退有度，把握谈判的节奏节点；五是体现真诚；六是回顾总结，达成意向。

问：那我知道了，但是开发完客户以后我是不是就没有事情了？

答：那要看你的工作计划了，你要是计划还开发经销商，那就接着按此方法去寻找；如果开发经销商完毕，那么就应该停下来，帮助开发的经销商做好渠道规划、分销标准、网点建设、形象建设方面的工作。

资料来源　牛奔. 学以致用，致初入奶粉营销的同仁们［EB/OL］.［2018-10-08］. http://www.emkt.com.cn/article/636/63622.html.

◆ 训练目标

1.通过实训，学生能够应用市场营销原理，分析呦呦乳业公司的市场营销环境，分析购买呦呦婴幼儿奶粉的顾客的特点，确定呦呦乳业的目标市场，根据公司的定价，开发呦呦婴幼儿奶粉的目标市场，并制订相应的促销方案。

2.通过实训，强化学生的市场营销思维，培养学生应用市场营销原理分析问题和解决问题的能力。

3.通过实训，提高学生的沟通能力、团队合作能力。

◆ 训练方法

小组讨论法、角色扮演法。

◆ **训练建议**

1.将学生分为若干组，5~6人一组。

2.每组为呦呦乳业设计品牌标志。

3.每组在认真阅读上述对话的基础上，小组讨论呦呦乳业的市场营销环境、公司的目标市场、购买呦呦婴幼儿奶粉的顾客的特点以及呦呦婴幼儿奶粉的定价是否合理。

4.小组讨论确定呦呦婴幼儿奶粉的优势、呦呦婴幼儿奶粉的卖点。

5.小组讨论确定呦呦乳业公司对经销商的选择与管理政策。

6.每组为呦呦婴幼儿奶粉制订促销方案。

7.每组一名同学用PPT汇报小组讨论情况。

8.将上述王涛与老师的对话转化为情景剧本。

9.分组进行市场开拓的情景剧表演。

角色分配：主持人（负责开场及一些必要的旁白）、市场开发人员（王涛）、奶粉零售商、奶粉批发商（配送商）。

准备相应的道具。

10.各组选出一名代表作为评委对情景剧表演进行评分。

注意事项如下：

（1）小组讨论要全面、深入地应用市场营销的原理。

（2）小组讨论的结果可以在情景剧中展现。

（3）情景剧表演要能展示市场开发的场景，呈现市场开发的技巧。

（4）情景剧表演能够体现市场开发工作过程。

（5）通过情景剧，学生能够全面、深入地了解市场营销工作。

◆ **考核与评价**

评价考核标准见表综–1。

表综–1   **评价考核标准表**

评价考核标准	分值
小组讨论全员参与，气氛活跃，汇报全面	20
表演完整	20
表演者声音清晰、语言流畅	20
眼神有交流，表演到位	20
全组成员认真参与，相互配合默契	20
合 计	100

［1］刘文斌，范云志. 市场调查与预测［M］. 北京：电子工业出版社，2010.

［2］屈冠银. 市场营销理论与实训教程［M］. 北京：机械工业出版社，2010.

［3］罗绍明. 市场营销基础［M］. 北京：科学出版社，2010.

［4］张昊民. 营销策划［M］. 北京：电子工业出版社，2010.

［5］陈玮，李穗豫，刘静. 中国本土市场营销原理与实践［M］. 广州：广东经济出版社，2010.

［6］王瑶. 市场营销基础实训与指导［M］. 北京：中国经济出版社，2009.

［7］冯开红. 营销策划实务［M］. 北京：科学出版社，2009.

［8］段文杰. 公共关系实例与运作［M］. 北京：高等教育出版社，2008.

［9］王淑荣，李晓燕. 推销技能训练［M］. 北京：科学出版社，2008.

［10］盛安之. 营销的58个创新策划［M］. 北京：企业管理出版社，2008.

［11］刘向晖. 网络营销导论［M］. 北京：清华大学出版社，2008.

［12］段文杰，曲丹辉. 公共关系基础与实务［M］. 北京：科学出版社，2007.

［13］冯金祥，张再谦. 市场营销知识［M］. 北京：高等教育出版社，2007.

［14］叶万春. 企业营销策划［M］. 2版. 北京：中国人民大学出版社，2007.

［15］秦榛蓁，蒋姝蕾. 市场调查与分析［M］. 北京：高等教育出版社，2006.

［16］科特勒，凯勒. 营销管理［M］. 梅清豪，译. 中文12版. 上海：上海人民出版社，2006.

［17］黎开莉. 市场营销管理——理论与策略［M］. 贵阳：贵州人民出版社，2005.

［18］孙天福. 市场营销基础［M］. 上海：华东师范大学出版社，2005.

［19］何佳讯，等. 中国营销25年［M］. 北京：华夏出版社，2004.

［20］王妙. 市场营销学实训［M］. 北京：高等教育出版社，2003.

［21］纪宝成. 市场营销学教程［M］. 3版. 北京：中国人民大学出版社，2002.

［22］苏亚明. 现代营销学［M］. 4版. 北京：中国对外经济贸易出版社，2002.

［23］胡正明，等. 市场营销学［M］. 济南：山东人民出版社，2001.

［24］吴健安. 市场营销学［M］. 北京：高等教育出版社，2000.

［25］上海市中等职业教育课程教材改革办公室. 上海市中等职业学校市场营销专业教学标准［M］. 上海：华东师范大学出版社，2013.

［26］中华人民共和国教育部．中等职业学校专业教学标准（试行）　财经商贸类（第一辑）［M］．北京：高等教育出版社，2014.

［27］苏兰君．营销思维训练手册［M］．北京：北京大学出版社，2014.

［28］吴健安，等．现代推销学［M］．4版．大连：东北财经大学出版社，2014.

［29］张素洁．营销素养训练［M］．3版．大连：东北财经大学出版社，2021.

［30］龚卫星，何艳萍．消费心理［M］．2版．大连：东北财经大学出版社，2019.

［31］肖院生．市场营销实务［M］．2版．大连：东北财经大学出版社，2019.

学时分配建议表

项目	任务	建议学时		
		讲授	实训	总计
项目一 认知市场营销	任务一　认识市场营销 任务二　理解市场营销观念	4	2	6
项目二 学会市场调查	任务一　认识市场调查 任务二　开展市场调查	4	4	8
项目三 分析市场营销环境	任务一　认识市场营销环境 任务二　分析市场营销宏观环境 任务三　分析市场营销微观环境 任务四　掌握市场营销环境的SWOT分析法	4	2	6
项目四 分析购买者行为	任务一　分析消费者购买行为 任务二　分析生产者购买行为	4	2	6
项目五 确定目标市场	任务一　掌握市场细分方法 任务二　目标市场的选择 任务三　进行市场定位	6	2	8
项目六 确定产品和服务	任务一　了解产品及产品组合策略 任务二　进行品牌和包装决策 任务三　掌握产品生命周期 任务四　了解新产品开发	6	2	8
项目七 制定产品价格	任务一　分析影响定价的因素 任务二　选择定价方法 任务三　制定定价策略	6	2	8
项目八 制定促销策略	任务一　认识促销组合 任务二　了解人员推销 任务三　进行广告决策 任务四　进行营业推广和公共关系决策	6	4	10
项目九 建立分销渠道	任务一　认识分销渠道 任务二　分销渠道的选择与管理	4	2	6
项目十 认知网络营销	任务一　认识网络营销 任务二　制定网络营销策略	4	2	6
合　计		48	24	72